ASPECTOS
E FIGURAS
DA MÚSICA
POPULAR
BRASILEIRA

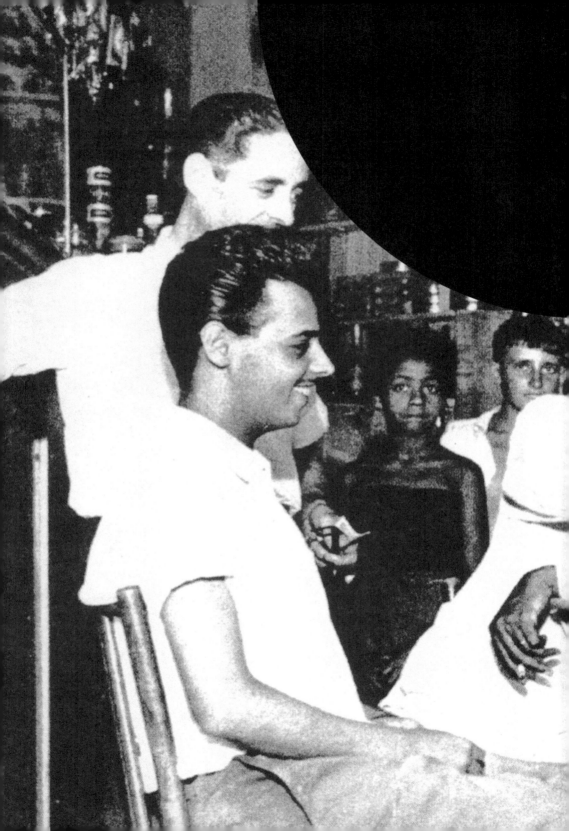

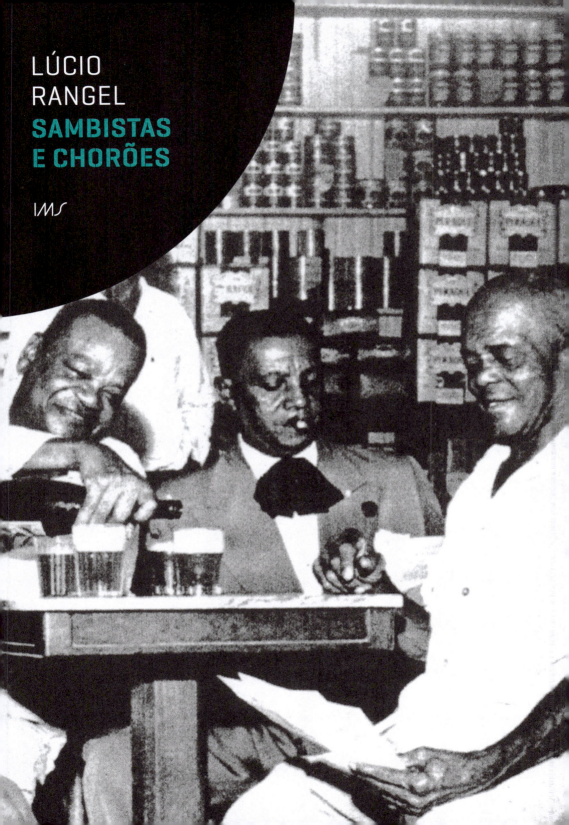

LÚCIO RANGEL
SAMBISTAS E CHORÕES

IMS

7	NOTA
9	O INTRANSIGENTE ARQUEÓLOGO DA MÚSICA BRASILEIRA JOÃO MÁXIMO
15	LITERATURA DE CORDEL E MÚSICA POPULAR
24	MÁRIO DE ANDRADE E O SAMBA CARIOCA
33	OS TEMPOS HEROICOS
39	AS PRIMEIRAS "CHAPAS" DE GRAMOFONE
49	SAMBAS E SAMBISTAS
56	PIXINGUINHA
69	AS "CONFISSÕES" DE NOEL ROSA
79	LUPERCE MIRANDA
85	INEZITA BARROSO
90	VADICO
95	LINA PESCE
101	ALBERTO RIBEIRO
108	A VOLTA DE MÁRIO REIS
113	DISCOTECA MÍNIMA DA MÚSICA POPULAR BRASILEIRA
181	BIBLIOGRAFIA DA MÚSICA POPULAR BRASILEIRA

NOTA

Lúcio Rangel nasceu no Rio de Janeiro em 1914. Em seus 65 anos, uniu a minúcia do pesquisador à dedicação do apaixonado no mapeamento e na análise do que considerava as raízes da música popular brasileira. Ou seja, os gêneros e subgêneros que, em derivação direta do samba e do choro, teriam formado uma identidade musical nacional. Advogado de formação e jornalista por convicção, tinha Louis Armstrong e Pixinguinha como heróis e não conhecia distância entre vida intelectual e cotidiano, sendo íntimo tanto de músicos e personagens cariocas quanto de Stendhal e Valéry – admirador que era dos franceses, cultivados nos volumes da Bibliothèque de La Pléiade, a luxuosa coleção francesa dedicada aos grandes clássicos. Colaborador de diversos jornais e revistas, editou entre 1954 e 1956 a *Revista da Música Popular*, reunindo músicos, intelectuais e escritores numa tribuna de defesa, sempre radical, da tradição musical brasileira diante do avanço, no pós-guerra, da indústria cultural e da influência norte-americana. Não sem ironia, apresentou o jovem Antônio Carlos Jobim ao poeta Vinicius de Moraes, abençoando assim, entre as mesas da uisqueria Vilarino, a dupla fundamental da bossa nova que reprovava. Boêmio militante, tornou-se mito em vida, um modelo para gerações de pesquisadores – em sua maioria autodidatas como ele – que se dedicaram e se dedicam à preservação de fontes originais da música brasileira. Parte significativa de sua produção foi publicada em 2007 na antologia *Samba, jazz e outras notas* (Agir), organizada e apresentada por Sérgio Augusto, e na edição fac-similar da *Revista da Música Popular* (Funarte/Bem-Te-Vi). Esgotado há décadas, *Sambistas e chorões* é sua obra fundamental, acrescida aqui de uma versão atualizada de sua "discoteca básica" e, também, da "Bibliografia da música brasileira", publicada uma única vez em separata da Livraria São José, em 1976.

OS EDITORES

LÚCIO RANGEL, RIO DE JANEIRO, 1964. FOTO DE ALÉCIO DE ANDRADE (© ALÉCIO DE ANDRADE, ADAGP, PARIS, 2014)

O INTRANSIGENTE ARQUEÓLOGO DA MÚSICA BRASILEIRA
JOÃO MÁXIMO

Os cinco estudantes que dividiam três quartos no casarão da rua Conselheiro Autran, 27, em Vila Isabel, não tinham como ídolo um craque tricolor (torciam todos pelo Fluminense). Nem um astro do cinema. Nem um talento do traço, ou das letras, ou de qualquer outra arte. Muito menos um político daquela conturbada segunda metade dos anos 1950. Seu ídolo, pelo menos quando o assunto estava em pauta, era, creia quem queira, um crítico de música popular.

É preciso explicar melhor para que não se julguem mal os cinco estudantes. Eram todos jovens de uma geração que vivia a música popular como nunca mais ela seria vivida. Os de casa, mais os vizinhos da rua, mais os de outros pontos do bairro, tinham o hábito de se reunir em torno da vitrola da casa de um deles para ouvir seus discos e os dos amigos. A esses encontros, cada um levava seus frágeis 78 rotações por minuto, em geral herdados de pais e avós. Pois comprar, mesmo, era raro. Primeiro, pela falta de grana. Segundo, porque os melhores estavam esgotados.

Talvez estejamos exagerando, e o crítico de música popular em questão não fosse exatamente um ídolo, mas o mestre, conselheiro, orientador, guru, o que sabia tudo e mais um pouco. Em duas palavras: Lúcio Rangel. Em suas colunas em *Manchete*,

PIXINGUINHA, EDGAR CAVAQUINHO E LÚCIO RANGEL, 1954 (ARQUIVO DE LÚCIO RANGEL)

ou em vários jornais, ou na edição de sua *Revista da Música Popular*, lançada em 1955, ou neste *Sambistas e chorões*, de 1962, ele indicou o que ouvir a toda uma nova geração de curtidores de música. Foi a partir de seus ensinamentos que aqueles jovens descobriram tesouros não imaginados e construíram as discotecas de que um dia se orgulhariam.

Mas a importância de Lúcio Rangel não se confinava nos limites de uma vitrola de bairro. Na verdade, o papel que ele representou, para todo o Rio, para todo o Brasil, foi bem maior. Ele deve ser visto como o empreendedor de uma abençoada arqueologia – ou como o quixotesco batalhador para que os produtores musicais, em especial os ligados à indústria do disco, não deixassem a melhor música popular brasileira esquecida. Porque a isso ela parecia condenada.

Eram tempos musicalmente complicados. As gravadoras lançavam e as rádios tocavam os sucessos do momento: boleros, sambas-canções abolerados, baiões estilizados, versões e músicas para atender à febril batalha dos auditórios, onde os fã-clubes de Marlene e Emilinha se enfrentavam. Havia alguns oásis, como a boa música americana de algumas rádios e os poucos programas de jazz de outras. A música tradicional brasileira era empurrada para programas de madrugada rotulados de "hora da saudade". E a televisão, mais preocupada com a imagem do que com o som, fechava as portas aos artistas de cabelos grisalhos e rugas no rosto.

Lúcio Rangel não se conformava com esse quadro, que seus colegas de crítica entendiam como inevitável obra do progresso, da evolução, da modernidade. Seus textos, além de servirem de base para os jovens interessados em música popular, acabaram exercendo tal pressão sobre as gravadoras que, de repente, lá estavam elas lançando LPS de Ismael Silva, J. Cascata, Assis Valente, Joubert de Carvalho, Moreira da Silva, Lamartine Babo, Catulo, Ary, Noel. E também os que traziam de volta a Velha Guarda de Pixinguinha, João da Bahiana, Donga, Bide, Alfredinho, Almirante, todos com capa de Lan. E, quando o maior sucesso de 1955 foi uma obra-prima de Ataulfo Alves ("Pois é, falaram tanto/ que dessa vez a morena foi embora..."), o samba, cuja morte volta e meia era atestada por estudiosos de música popular, ressuscitava. E Lúcio Rangel disparava mil vivas em seus textos.

Saudosismo? Certamente. Até aqueles cinco, que um dia chegariam à conclusão de que modernosos e saudosistas são igualmente chatos, sabiam que Lúcio Rangel reverenciava o passado. Mas era, naquele momento, uma reverência necessária. Porque o saudosismo daquele ídolo – ou mestre – tinha a ver com excelência, simplesmente porque a música popular brasileira da chamada Época de Ouro, os anos de 1930 a 1940, era infinitamente superior à dos boleros, sambas-canções abolerados, baiões e versões que as rádios tocavam. Mas quem sabia? Corajoso, Lúcio Rangel era capaz de defender seus argumentos diante dos antagonistas mais ilustres, como quando quis provar a Mário de Andrade que o melhor samba não era o rural ou o paulista, que havia música boa no Carnaval (apesar dos erros de gramática) e que Ismael Silva não era Ismael, mas "o grande" Ismael Silva.

Há ironias nessa história toda. Por ser assumidamente radical, fiel às "raízes", Lúcio Rangel foi um dos mais severos críticos da bossa nova e do samba-jazz surgidos em fins da década de 1950. No entanto, coube a ele aproximar Tom Jobim e Vinicius de Moraes. E a gostar de João Gilberto, por ver nele (por mais que os bossa-novistas não gostem) uma reedição de Mário Reis. Lúcio Rangel era saudosista? Sim. Radical? Certamente. Tinha má vontade com os sons da moda? Também. Não aceitava jazz tocado por branco? Verdade. Com tudo isso, pelo que ele sabia, os súditos ainda seguiam seus ensinamentos na hora de ouvir música brasileira.

Não se pense que o ídolo – ou mestre – daquela turma era um ranzinza, um mal-humorado nato e hereditário. Lúcio Rangel era um grande carioca, inteligente e culto, um "boêmio encantador", no dizer de Sérgio Augusto. Boêmio capaz de encantar os cinco estudantes até por motivo não musical. Foi quando, comemorando a conquista da Copa de 1958 num bar do Rio, o grande carioca impediu um amigo de matar uma mosca que zoava por ali. "Não faz isso, não, que a coitadinha também é campeã do mundo."

P.S.: Se a alguém interessar, eis, por ordem alfabética, o primeiro nome dos cinco que foram comprar correndo seu exemplar de *Sambistas e chorões*: Angelo, Antônio, João, Lênio e Zuenir.

LÚCIO RANGEL, VINICIUS DE MORAES E TOM JOBIM, E VERSO DA FOTO IMPRESSA, COM ANOTAÇÃO DE RANGEL (ARQUIVO DE LÚCIO RANGEL)

JOÃO MÁXIMO é jornalista e escritor. É autor de 14 livros dedicados à música e ao futebol, entre os quais o obrigatório *Noel Rosa – Uma biografia* (1990), em parceria com Carlos Didier.

A dupla que eu inventei —

Tom Jobim $\frac{5}{34}$ +2
e Vinicius de Moraes —

1943

LITERATURA DE CORDEL E MÚSICA POPULAR

Se não temos no sul um João Martins de Athayde, o fecundo autor de centenas de livrinhos que os frequentadores das feiras nordestinas adquirem aos milhares, o repentista de *Juvenal e o dragão*, de *Canção de fogo* e de *A morte de Alonso e a vingança de Marina*, se não temos sequer um Minervino Francisco Silva ou um Firmino Teixeira do Amaral, este o cantor das célebres "pelejas" entre o cego Aderaldo e o Zé Pretinho do Tucum, pelo menos tivemos, no passado, os nossos trovadores, os nossos decifradores de sonhos e do jogo do bicho, os nossos professores na *arte mágica de conquistar as mulheres* e de ensinar a linguagem das flores e do leque. É verdade que, no Nordeste de hoje, muitos autores populares vêm buscar sua inspiração na ex-capital do país, já seduzidos pelo rádio e pelas revistas de quadrinhos, como o famoso José Gomes, personagem de Jorge Amado e conhecido em toda a Bahia como Cuíca de Santo Amaro, autor de um fascículo com versalhada que intitulou *A moça que mordeu o travesseiro pensando que fosse Vicente Celestino*, livrinho que comprei do próprio autor e que começa com estes versos:

> *A Jandira era uma garota*
> *De cabelinhos na venta*
> *Por causa do Celestino*

CAPA DO CORDEL *VIDA E MORTE GLORIOSA DO GRANDE MÚSICO NEGRO PIXINGUINHA* (DETALHE), DE EDIGAR DE ALENCAR, COM XILOGRAVURA DE ABRAÃO BATISTA (COLEÇÃO JOSÉ RAMOS TINHORÃO/IMS)

Se tornara ciumenta
Retratos do seu amado
Tinha no quarto uns setenta.

Cuíca de Santo Amaro é essencialmente urbano, despreza as brigas do Negrão do Paraná e do Seringueiro do Norte, os romances da Princesa da Pedra Fina e os sofrimentos do povo no facão da carestia. É escandaloso e prefere narrar *O que se passa no Hotel Dorival Caymmi* ou *Os amores de um gerente*, gerente que também conheci e que se negara a fornecer ao vate doses dobradas de genuíno uísque escocês que reclamava aos gritos na porta do hotel.

Mas tivemos, no Rio, até a década de 1930, uma farta literatura de cordel, salientando-se o famoso Catulo da Paixão Cearense, autor de complicadas letras que eram musicadas por Anacleto de Medeiros, Irineu de Almeida ou Pedro de Alcântara. É dele uma série de livrinhos que fizeram a fortuna do velho Quaresma - *Cancioneiro popular de modinhas brasileiras*, *Novos cantares*, *Lira dos salões*, *Lira brasileira*, *Trovas e canções* e *Florilégio dos cantores* -, na qual estão reunidas "todas as modinhas, cantigas, canções, fados etc. do sr. Catulo da Paixão Cearense", poeta de "virtude mental que, dia a dia, floresce em novas imagens", e de uma "independência selvagem, como a de Conrado, que lorde Byron comparava à do vento no oceano", como tão esdruxulamente o definiu o abolicionista Patrocínio. Agripino Grieco, que não simpatizava em absoluto com qualquer manifestação da nossa arte popular, preferindo ao nosso capadócio, *familiar das cordas de pinho*, o ventrudo carcamano das canções de Nápoles e Florença, diz que é uma "pena que seja tão vaidoso, de uma vaidade hipertrófica, exorbitante, e pretenda impor aos brasileiros em geral a catulice, ou seja, a religião do Catulo".

Rival respeitado de Catulo era o Eduardo das Neves, o palhaço negro, cantor dos primeiros discos da Casa Edison, autor de um sem-número de modinhas, entre elas "A conquista do ar", a mais famosa, até hoje lembrada:

> *A Europa curvou-se ante o Brasil*
> *E clamou "parabéns" em meigo tom;*
> *Brilhou lá no céu mais uma estrela:*
> *Apareceu Santos Dumont.*

Aliás, a canção está em seu livro *Trovador da malandragem*, editado por Quaresma e dedicado aos "colegas e camaradas, amigos e correligionários dos amadores do pinho, ao pessoal do batalhão serenático", trazendo ainda cançonetas, "tremeliques" e choros da Cidade Nova. No prefácio do livrinho, faz uma declaração: "Lá vai uma sarabanda em regra, endereçada a todos em cujas cabeças couber a carapuça", seguindo-se uma espinafração em regra em todos os que duvidam do seu talento, coisa que muita gente faria se tivesse coragem.

Não menos pernóstico é João de Sousa Conegundes. Seu *Trovador de esquina ou Repertório do capadócio* contém "cantigas que prendem raparigas, cantatas que deleitam as mulatas, modinhas que chocam as crioulinhas", tudo isso por dois mil-réis...

Alcançavam tiragens fabulosas esses modestos livrinhos. O velho Quaresma enriquecia com eles e também com o *Manual do namorado*, seguindo-se *100 cartas de namoro*, por d. Juan de Botafogo. Tão lucrativo era o negócio que o mais sério de todos os livreiros do tempo, o francês Garnier, editor de Machado de Assis e de Joaquim Nabuco, não resiste à tentação e lança uma *Nova coleção de modinhas brasileiras*, "tanto amorosas como sentimentais". Impressa em Paris, aqui notamos certas *fumaças* de erudição. O livro é precedido de "algumas reflexões sobre a música no Brasil"; o prefaciador, que não se assina, cita o trabalho de Fernand Denis – *Du goût des Brésiliens pour la musique* –, chegando à conclusão de que há realmente grande paixão pela música em nosso meio, bastando "algum alento do governo para dar ao Novo Mundo um Mozart, um Paisiello, um Cimarosa".

Interessante notar, nessas velhas coleções de modinhas populares, a presença constante de poetas cultos, que assinavam a maioria dos versos, musicados muitas vezes por músicos que não diferenciavam duas notas musicais.

De outro gênero é *O livro dos fantasmas*. O anúncio diz que é um grosso volume, enriquecido de grande número de estampas de página inteira, desenhadas por Julião Machado, Lucas, Childe e outros artistas notáveis, e pavorosa capa colorida, cromolitografia, trabalho do imortal Julião Machado. É uma

> assombrosa coleção de verdadeiras histórias de almas do outro mundo, lobisomens, mulas sem cabeça, bruxas, casas mal-assombradas, sacis, cantos de coruja, choros de meninos pagãos, uivos agoureiros de cães, maldições de mãe, avisos ou sinais de pessoas falecidas, carros de enterro quando param à porta, indivíduos que fazem pacto com o demônio, visões, espíritos diabólicos, episódios passados em cemitérios, aparições, vozes do além-túmulo e toda sorte de fatos sobrenaturais observados por insuspeitos testemunhos.

Acrescenta o anúncio que em todo o livro não há uma só "baboseira"...

Em *A chave de ouro do jogo do bicho*, um tal José Pedro, que parece ser grande especialista no assunto, fornece palpites para o grupo, dezena, centena e milhar. Como se tal não bastasse, apresenta, ainda, desenhos dos 25 bichos, naturalmente para os analfabetos.

Gênero que também merecia a preferência do público era o cômico, livrinhos que contavam as anedotas de Calino, do cônego Felipe ou de Bocage. A Livraria Quaresma também estava presente em um de seus maiores sucessos, que, creio, ainda hoje se edita – justamente *O galhofeiro ou Arsenal de gargalha-*

das, livro de tal comicidade que quem o lesse "fatalmente, infalivelmente, há de arrebentar os cós das calças (ou dos vestidos), há de soltar as maiores, as mais retumbantes gargalhadas".

Mais recentes são os livros de um certo sr. José Vieira Pontes - *A lira teatral* e *A lira popular brasileira*, editados em São Paulo pela Livraria Teixeira. O primeiro é prefaciado pelo sr. K. Torrinha, nome dos mais convincentes para um crítico teatral, e traz monólogos, cenas cômicas etc. dos melhores autores. O segundo é uma coleção de modinhas, recitativos e lundus, e abre com um soneto de Bilac, logo seguido do "Noivado do sepulcro", de Soares de Passos, poema que foi parodiado por Alvarenga e Ranchinho e que provocava as maiores gargalhadas em Mário de Andrade.

De autor anônimo, vem do Nordeste o livrinho *A chegada de Carmen Miranda no céu*. Depois de encontrar velhos companheiros, o Francisco Alves, o Noel Rosa e o Zé da Zilda, Carmen organiza uma batucada:

> *A Carmen continuava*
> *Cantando com todo orgulho*
> *Sobre as asas de um anjo*
> *Deu um pequeno mergulho*
> *E foi cair logo onde?*
> *- Bem pertinho do Getúlio.*

Também as paródias eram muito vendidas em fascículos e livrinhos, nos jornaleiros e nas portas de engraxates. Rara era a música de sucesso que não provocava uma ou mais paródias, versos glosando os principais acontecimentos do momento, as figuras em foco na política ou os crimes mais comentados. Tenho em mãos alguns folhetos antigos, de 1919, e encontro, misturadas com letras originais, inúmeras paródias. Tinha terminado a Primeira Guerra Mundial, e o assunto principal era a vitória dos Aliados e a derrota do *Kaiser*. As paródias surgiram numerosas. Com a música de "Pelo telefone", um poeta popular fez os versos de "A vitória dos aliados":

> *O seu general Foch*
> *Pelo telefone*
> *Mandou me avisar*
> *Que os chefes dos boches*
> *Foram obrigados a capitular.*
> *Ai, ai, ai!*
> *Ladrão Kaiser*
> *Para onde é que vais?*
> *Ai, ai, ai!*
> *Que assim foges dos teus generais.*

Um outro autor, que assina Forrobodofarofa, apresenta os seguintes versos, sempre tendo por tema o *Kaiser* derrotado:

> *O imortal imperador,*
> *Embarcando para o Rio,*
> *Veio ser engraxador*
> *De botinas no Rocio...*

Outra peça que alcançou popularidade foi "O testamento do Kaiser", "feito, lido e por ele assinado no Palácio de Potsdam, em presença de seus dignos *Kameradas*, na suprema hora em que estava vendo as coisas pretas":

> *Deixo os mares à Inglaterra,*
> *Alsácia-Lorena à França,*
> *Ao Tio Sam a esperança*
> *De um dia ser Rei da Terra;*
> *Lego ao povo brasileiro*
> *Minha Santa Catarina,*

> Que seria minha mina
> Se eu vendesse o mundo inteiro.

Mas são numerosos os versos feitos ao *Kaiser*. Com a música de "Balança que pesa ouro", encontramos a paródia "O enterro do Kaiser":

> Foi parar à Santa Casa
> O Kaiser com a espanhola.
> Tomou chá de meia-noite
> E embarcou na padiola.
> Ninguém sabe se o defunto
> Morrera mesmo empestado,
> Levaram-no ao necrotério
> Para ser autopsiado.
> No momento de expirar
> Numa enxerga miserável,
> Expeliu por certa parte
> Muito líquido inflamável!

Muitos dos versos citados são de autoria de Amador Santelmo, que ainda está vivo, residindo em São Paulo, e que continua a versejar.

São dele os recentes livrinhos: *No reino da bicharada*, *O crime da enfermeira* e *Ademar Ferreira da Silva, o salto imortal*. Do nosso campeão mundial, diz o poeta:

> Na disputa da distância
> Ademar foi um leão;
> À Rússia coube o segundo
> E por isso o Bigodão
> Até soltou uma praga
> Contra o Brasil campeão!

CAPAS DOS CORDÉIS *VIDA E MORTE GLORIOSA DO GRANDE MÚSICO NEGRO PIXINGUINHA*, DE EDIGAR DE ALENCAR (XILOGRAVURA DE ABRAÃO BATISTA), E *FIM TRÁGICO. CHICO VIOLA*, DE JOSÉ FORTUNA (COLEÇÃO JOSÉ RAMOS TINHORÃO/IMS)

Creio que Noel Rosa e Lamartine Babo foram os últimos autores a se dedicar ao gênero, o primeiro com diversas produções, como a célebre paródia que fez com a música de "Boneca", de Benedito Lacerda, o segundo com a "Canção do dia", até hoje irradiada com sucesso, glosando os acontecimentos cotidianos.

Finalizando, quero lembrar um extraordinário livrinho, de autoria de Alexandre Gonçalves Pinto. Chama-se *O choro* e tem como subtítulo *Reminiscências dos chorões antigos*. Ante nossos olhos desfilam as figuras singulares de um mundo estranho e pitoresco, músicos que se chamaram Leopoldo Pé de Mesa, Cupido, Capitão Rangel, Soares Caixa de Fósforos, Artur Virou Bode, Luís Caixeirinho, Pimenta da Alfândega, Leal Careca, Lili São Paulo, Carne Ensopada, Irineu Batina, General Gaspariano, Júlio Bemol, Mariquinha Duas Covas, que "tinha um pequeno papo que lhe fazia muita graça", Vicente Sabonete e muitos outros, de exóticos apelidos e costumes.

Logo na primeira página do prefácio, assinado pelo Catulo, lemos o seguinte: "Não te posso ser útil nas correções dos erros porque só uma revisão poderia melhorá-lo, o que é impossível".

E, com sinceridade nunca vista num prefaciador, o vate vai apontando "desmantelos gramaticais" existentes nas páginas do livro, páginas que são "sepulturas no cemitério da nossa memória". Logo a seguir, o sr. Max-Mar nos oferece um soneto em homenagem ao autor de *O choro*. É o retrato do sr. Alexandre Gonçalves Pinto e chama-se "Perfil do Animal"!

Ficamos sabendo coisas do arco-da-velha dessa gente tão bem retratada pelo "Animal". Leopoldo Pé de Mesa, por exemplo,

> gostava de uma abrideira antes de entrar nos pirões e depois se atolava de cerveja ou de qualquer outra bebida que viesse, era dos tais que chimpavam um gole da boa e estalavam a língua, e quando via um qui-qui (porco), com a competente batata na boca e azeitona nos olhos, não tinha mais vontade de levantar-se.

Outro chorão, Carlos Espíndola, pai da cantora Araci Cortes, também era um "bom garfo" e frequentador de pagodes. Aprendeu flauta com João Salgado, "professor de grande mérito e paciência para ensinar a mais rude cabeça".

Pedrinho, "primoroso flautista", tinha "uma educação sublime"; o Capitão Braguinha "andava sempre acompanhado pelo pessoal bom e mau, entrando em diversos botequins e mandando arriar à beça, para satisfação dos beberrões". Falando de Artur Virou Bode, o autor elucida: "O apelido na roda dos tocadores é devido a um choro feito por Candinho Silva, que dedicou a Artur, não sabemos qual a razão...".

Poetas e cronistas populares, ingênuos ou pernósticos, irônicos ou sentimentais, suas produções são disputadas pelo povo, seus livrinhos, encontrados nas feiras do Nordeste, nas bancas de jornais e na porta dos engraxates.

"Analfabetos ou semiletrados têm o domínio do povo, que os ama e compreende", disse mestre Câmara Cascudo.

MÁRIO DE ANDRADE E O SAMBA CARIOCA

Embora essencialmente paulista, poderia Mário de Andrade ter deixado um estudo definitivo sobre o samba carioca, do ponto de vista estético ao social. Houve mesmo uma época em que ele pensou em reunir em livro uma espécie de panorama - escreveria um ensaio analisando o conteúdo musical do samba, Vinicius de Moraes se ocuparia da lírica, e uma terceira parte, tratando da história e dos vultos principais da nossa música mais popular, seria feita, na falta de melhor colaborador, pelo autor deste artigo. Infelizmente, e para desgraça minha, que perdi a oportunidade de me colocar lado a lado com os dois grandes poetas, o projeto ficou apenas nas conversas inconsequentes. Interessado em qualquer manifestação artística, realizando estudos minuciosos de história literária, ensaios excelentes sobre artes plásticas, além de sua obra de ficcionista e de poeta, deixou, ainda assim, Mário de Andrade, o que de melhor se escreveu sobre as nossas danças dramáticas, ensaios agora reunidos em três alentados volumes, completados graças à dedicação de uma sua antiga discípula, a folclorista Oneida Alvarenga. E deixou, também, para o prazer de todos os que estudam a nossa música popular, alguns escri-

MÁRIO DE ANDRADE, DÉCADA DE 1930 (ARQUIVO DO INSTITUTO DE ESTUDOS BRASILEIROS USP - FUNDO MÁRIO DE ANDRADE)

tos dispersos em que aborda o tema do samba. Como nossos outros folcloristas, não sei por que, Mário também preferiu o estudo de certas manifestações musicais observadas em pequenos núcleos da população ao grande samba, cantado e dançado por milhões de brasileiros, embora "influenciado pelas modas internacionais", como tinha que ser. Preferiu os *caboclinhos*, de João Pessoa ou do Rio Grande do Norte, o *boi-bumbá*, do Amazonas, e as *congadas* de Vila de Lindoia.

E, no entanto, poucos *sentiram* o samba carioca como ele! Lembro-me das cantorias que fazíamos, os da roda, quando os cartões de chope tornavam-se mais volumosos. E Mário, que então residia no Rio, era sempre o provocador de tais manifestações. Sem ser um especialista, era um enamorado do samba malicioso e cheio de ritmo que se fazia naquele tempo com mais constância do que hoje. Em um de seus trabalhos menos conhecidos – "A pronúncia cantada e o problema do nasal brasileiro através dos discos" –, não assinado, publicado nos *Anais do Primeiro Congresso da Língua Nacional Cantada*, revela-se um familiar das gravações populares, acha que "o sr. Mário Reis é bem mais tipicamente nosso que o seu par" (Francisco Alves), que o "sr. Antônio Moreira da Silva apresenta uma voz de timbração deliciosa", que o samba "Chorei, nega", cantado por Sílvio Caldas, é "perfeitamente pronunciado". Só uma vez se engana Mário de Andrade: é quando se refere à "brasileiríssima voz do sr. H. Tapajós", ao comentar um trecho cantado por um irmão deste, Paulo Tapajós.

Também na segunda edição do *Compêndio de história da música*, a única acrescida de discografia parcial no fim de cada capítulo, fornece Mário de Andrade uma relação de discos que, se não são *todos* os melhores no gênero, servem perfeitamente para dar uma ideia do nosso samba. Infelizmente, os discos são citados apenas pelos números, antecipados pelas iniciais da etiqueta que os editou, o que torna a indicação praticamente nula para um leitor comum. Com algum esforço, consegui identificar 24 dos 27 arrolados por Mário. São os seguintes, na mesma ordem em que figuram no *Compêndio*, sendo que as iniciais significam: V – Victor; P – Parlophon; e O – Odeon:

V-33471 – "Benedito", samba de Paulo Rodrigues, cantado pelo autor; "Seu Manduca esfarrapado", batuque de Ary Barroso, cantado por Paulo Rodrigues. É uma das peças mais curiosas de Ary Barroso, como anunciando a fase da "Aquarela do Brasil".

V-33376 – "Homem que chora" e "Deixa a veia vadiá", pelos Batutas Rio-Clarenses. Interessante notar que Mário, tão cioso da pureza do *seu* samba rural paulista, aqui comete pecado contrário. Indica um disco em que o elemento rural interfere violentamente em um gênero urbano.

P-13273 – "A.B. Surdo", marcha maluca de Lamartine Babo, cantada por Olga Jacobino; "É da lua", samba de Inácio e Paulo, cantado por I.G. de Loyola. Disco sem nenhuma expressão, apesar de a marchinha ser de autoria de dois bons compositores populares – Lamartine Babo e Noel Rosa, que não vem citado na etiqueta. I.G. de Loyola é pseudônimo do barítono Inácio Guimarães.

V-33524 – "Tava na roda do samba" e "Deixa a nega pená", dois excelentes sambas gravados por Almirante e seu Bando de Tangarás.

V-33492 – "Há! Hu! Lahô", samba de partido-alto; e "Patrão prenda o seu gado", chula raiada. Dois números admiráveis, da melhor tradição carioca. Tocados pelo Grupo da Guarda Velha, dirigido por Pixinguinha, Donga e João da Bahiana.

V-33423 – "Sem você" e "Mangueira", sambas cantados por Otília Amorim, uma das cantoras populares mais citadas por Mário de Andrade, e talvez a de sua predileção.

O-10715 – "Deixa essa mulher chorar", samba de Sílvio Fernandes; e "Quá-quá-quá", samba de Lauro dos Santos. O primeiro disco da dupla Mário Reis-Francisco Alves. O primeiro samba, de autoria de Brancura, é um clássico carioca, até hoje tocado e regravado.

V-33413 – "Eu sou feliz" e "Nego bamba", sambas de J. Aimberê, cantados por Otília Amorim.

V-33404 – "Desgraça pouca é bobagem", samba de J. Aimberê; e "Vou te levar", marcha de C.J. Epiro e V. de Lima. Novamente a cantora predileta. Interessante que não há uma só gravação de Araci Cortes citada nas diversas discografias organizadas por Mário de Andrade.

V-33424 – "Chorei, nega" e "Teu desprezo", sambas cantados por Sílvio Caldas. O cantor já havia gravado "Santa padroeira", de Ary Barroso e Noel Rosa, bem superior ao dos dois citados.

V-33211 – "Cais dourado", toada de J.B. da Silva, cantada por Breno Ferreira; e "Sinhô do Bonfim", samba de Joraci Camargo. O primeiro é de Sinhô, o José Barbosa da Silva (e não "João", como escreve o sr. Vasco Mariz), o segundo é do conhecido teatrólogo. Mário de Andrade deixou-se levar pelo motivo da letra.

O-10633 – "Amor de malandro", samba de Francisco Alves; e "Novo amor", samba de Ismael Silva. O primeiro é também de Ismael, que o vendeu a Chico Alves. Positivamente, Mário de Andrade conhecia os sambas, mas não a gravação que citou, de João Gabriel de Faria, o Rei do Assobio; os discos originais são infinitamente superiores: "Amor de malandro", cantado por Francisco Alves (Odeon 10424); e "Novo amor", cantado por Mário Reis (Odeon 10357).

P-12916 – "Gavião calçudo", samba de Pixinguinha; e "Bambolelê", embolada do Norte, pela Orquestra Típica Pixinguinha-Donga, cantada por Patrício Teixeira.

P-12865 – "Promessa", samba de Pixinguinha; e "Não te quero mais", samba de Dario A. Ferreira, pela Orquestra Típica Pixinguinha-Donga, cantados por Benício Barbosa. "Promessa" é uma das mais belas composições de Pixinguinha, só comparável a seus choros.

O-10346 – "Jura", samba de Sinhô; e "Água de coco", samba de Sá Pereira; o primeiro, instrumental, pela Orquestra Pan American;

o segundo, cantado, por Francisco Alves. Má indicação de Mário de Andrade, principalmente porque cita o que vem a seguir.

O-10278 – "Jura", samba de Sinhô; e "Gosto que me enrosco", do mesmo autor, cantados por Mário Reis. É a melhor gravação do "Jura", mesmo considerando as de Araci Cortes, Francisco Alves e a segunda de Mário Reis. Heitor dos Prazeres afirma que o segundo samba é de sua autoria.

O-10293 – "Eu não sou arara", samba de Donga; "Pé de mulata", samba de Pixinguinha, cantados por Patrício Teixeira, com a Orquestra dos Oito Batutas. Novamente os dois consagrados compositores populares.

O-10100 – "Não quero saber mais dela", samba de Sinhô, em dueto de Francisco Alves e Rosa Negra; e "Me faz carinhos", samba de Francisco Alves, cantado por ele mesmo. Rosa Negra era estrela de uma companhia de revista. "Me faz carinhos" foi o primeiro samba de Ismael Silva a ser gravado. Como no outro - "Amor de malandro" -, figura apenas o nome de Alves, que o comprou do verdadeiro compositor.

O-10113 – "O bobalhão", *charleston* carnavalesco de Sinhô; e "A malandragem", samba de Francisco Alves, cantados por ele mesmo. Note-se o pitoresco da classificação que o autor deu ao primeiro número. Já antes havia classificado de "romance" uma peça chamada "Carinhos de vovô".

O-10250 – "Que vale a nota sem o carinho da mulher", samba de Sinhô; e "Rayon d'or", polca de Ernesto Nazareth. O primeiro cantado por Vicente Celestino; o segundo, instrumental, pela Orquestra Pan American. Do samba de Sinhô há gravação anterior e muito melhor, que é, aliás, o disco de estreia de Mário Reis, em que o cantor é acompanhado ao violão por Sinhô e Donga (Odeon 10224).

O-10719 – "Não vai no candomblé", samba; e "Não quero teu amor", samba; o primeiro de Elói Antero Dias, o segundo de Getúlio Marinho da Silva; e "Amor", pelo Conjunto Africano.

V-33459 – "Cadê Viramundo", batuque; e "Bambaia", cateretê, ambos de autoria de João P.B. de Carvalho. Embora seja disco de valor, nenhuma das faces traz samba. Pelo Conjunto Tupi.

V-33565 – "Ai que dor" e "Como eu te amei", sambas de André Filho, pelo Trio T.B.T., composto pelos irmãos Abner e Abdaná Trajano e Jaime Brito.

A segunda edição do *Compêndio* é de 1933 (São Paulo: L.G. Miranda Editor). A terceira, que aparece com o título de *Pequena história da música*, já vem sem a discografia, que "encarecia muito o livro e era de pouco uso nesses tempos de guerra, em que o comércio de discos é incerto e fraco". Mas, em 1936, realizando um pequeno estudo para a Divisão de Cooperação Intelectual do Ministério das Relações Exteriores, volta Mário de Andrade a apresentar uma discografia da música popular brasileira. São 38 discos distribuídos entre os diversos gêneros populares. Dessa vez, o samba é representado apenas por seis discos, os já citados V-33404, 33413, 33211 e mais os seguintes:

V-33808 – "Ao voltar do samba" e "Alvorada", sambas de Sinval Silva, cantados por Carmen Miranda, realmente um dos melhores discos da cantora.

V-33927 – "Triste cuíca", samba de Noel Rosa e Hervé Cordovil; e "Tenho uma rival", samba de Valfrido Silva, cantados por Aracy de Almeida. É o primeiro disco para a Victor da cantora, que até hoje foi quem melhor interpretou o samba carioca.

Há ainda um terceiro, não identificado. Desta lista reduzida, Mário tirou todos os sambas de Sinhô, Pixinguinha e Donga, inexplicavelmente. Aliás, a publicação do Itamaraty consta de apenas 15 páginas mimeografadas, sendo que 3,5 são ocupadas pelo artigo introdutório de Mário de Andrade. Nas restantes, vêm relações das instituições públicas que se ocupam de música popular e folclórica, a mencionada discografia, diversas bibliografias, inclusive uma de música popular, e finalmente a direção de alguns músicos e folcloristas brasileiros que se ocupam de música popular.

E é melancólica a bibliografia especializada da nossa música popular! Não há sequer uma monografia sobre determinado gênero. E hoje, quase 25 anos passados, a situação continua a mesma. É verdade que Orestes Barbosa publicou um livro delicioso: *Samba, sua história, seus poetas, seus músicos, seus cantores*,[1] livro de cronista cintilante, que reúne em suas páginas as impressões do autor, naquele estilo vivo e sincopado, muito pessoal, mas livro sem nenhum valor, digamos, científico, razão pela qual nem foi citado por Mário de Andrade. Também a sra. Mariza Lira publicou um *Brasil sonoro*, em que se ocupa de todos os gêneros folclóricos e populares, visão ampla mas pouco profunda, tal como o sr. Vasco Mariz em livro recente, *A canção brasileira*.

Enquanto o jazz norte-americano encontra quem o estude em seus aspectos mais variados, contando, hoje, com uma bibliografia das mais vastas, de pelo menos 200 volumes, enquanto o jazz, como o nosso samba, música urbana, é devassado e interpretado, sendo, por isso, cada vez mais divulgado, nossos folcloristas de gabinete ficam na acadêmica discussão – o samba é folclórico, é popularesco ou popular?

Às definições mais ou menos fantasistas da palavra "samba", às suas origens etimológicas, podemos ajuntar as definições dos próprios sambistas: "O samba nasce no coração..."; "O samba é a confissão de um malandro..." etc. É muito fácil, mas é melancólico. Positivamente, Mário de Andrade não quis fazer o estudo definitivo sobre a mais popular música do Brasil.

---

[1] Rio de Janeiro: Livraria Educadora, 1933

Cantores da Casa

Bahiano

Eduardo das Neves

Mario

Cadete

Rob. Roldan

OS TEMPOS HEROICOS

Nesta época de *hi-fi*, de FFFF, de 33⅓ e 45 rotações, de som estereofônico e de outras maravilhas acústicas, como nos parecem distantes os dias do fonógrafo de Edison, dos gramofones e das "chapas" anunciadas pelos primeiros locutores profissionais de que temos notícia. Entretanto, pouco mais de 50 anos passaram para que toda essa transformação fosse feita.

Lembremos o primitivo Odeon Records, com o histórico selo amarelo, apresentando o Patápio, Patápio Silva, grande flautista em qualquer época, em "Alvorada das rosas", "Zamacueca", "Noturno", "Primeiro amor", "Serenata de Braga", "Margarida" e muitas outras, sempre anunciadas pela voz estridente: "gravada pelo Patápio para a Casa Edison, Rio de Janeiro". Já o Baiano cantava as serenatas de Gutemberg Cruz e ensaiava os primeiros duetos com Júlia Martins - "A vassourinha", "A vida está magoada" e a "Cabocla de Caxangá", do Catulo da Paixão Cearense.

Nesses discos de 27 centímetros de diâmetro, encontramos uma infinidade de outros cantores e executantes. O Roberto Roldan, especialista em modinhas, interpretando o "Amor ingrato", que se tornou popular como "Descrente"; o Mário, Mário Pinheiro, de maior "cartaz no tempo", cantando a "Ave-Maria", "O caruru", "Albertina", o "Sertanejo enamorado", a cançoneta "Desfraldar da vela", "A casa branca", a modinha "A mulher é o diabo de saia", "Sou teu escravo" e o famoso "Talento e formosura", de Otávio Ferreira, com versos de Catulo da Paixão Cearense. O Barros, nas valsas de maior sucesso - "Leonor" e "Num baile" -, provocando soluços nas mocinhas românticas que eram nossas avós; Os Geraldos, no "Vem cá mulata"; o Artur Camilo, pianista que acompanhava o Patápio, com "Tristezas não pagam dívidas"; e sempre as bandas, a do Corpo de Bombeiros, a do 2º Regimento da Força Policial, a da Casa Edison, a Banda da Casa Faulhaber,

CANTORES DA CASA EDISON, CATÁLOGO GERAL 1919 (ACERVO CASA EDISON/FRED FIGNER)

a Pública de São Paulo, a Banda do 52º de Caçadores, a Banda Phoenix e muitas outras, nos dobrados, nas marchas militares, mas também nas polcas e nas valsas, nos *scottish* e nos lundus – "Santos Dumont", "Toques militares", "Orminda", "Simpática", "Democráticos", "Marcha das bandeiras", "Ferramenta", "E toma aranha", "Alferes Gastão", "Feijão com gosto de peixe", "Hilda", e dezenas, centenas de outras, tudo marcando exatamente uma época, a do Rio de Janeiro dos primeiros anos da República, com seus tílburis e suas ruas estreitas, suas grandes chácaras, seus quiosques e seus mascates.

Em 1917, aparece o "Pelo telefone", de Ernesto dos Santos, o Donga. O sucesso é enorme, o telefone e o samba são duas autênticas novidades. O Baiano, que gravou a música, ganha um dinheirão, talvez uns dez ou 15 mil-réis, e o disco Odeon 121322, já com selo vermelho, é ouvido pelo Brasil inteiro.

Mais cantores aparecem: Carlos Lima, cantando "Vênus", fox-trote de José Francisco de Freitas, o autor de "Dondoca" e "Dorinha, meu amor"; H. Brandão, com o tango "Panuelito"; Silva e Sousa Lisboa, na cançoneta "O zabumba"; e Roberto Vilmar, com o "Leão da noite" e o "Ai, ai, ai". Eles são a nova geração de cantores.

O Grupo do Moringa, composto de clarineta, cavaquinho, violão e trombone, mistura de instrumentos que hoje nos parece estranha, lança uma "bomba", o samba de Caninha "Esta nega qué me dá", e, logo depois, "Tia Chica deixa disso", "O jururu", "A bola preta". A Orquestra do Chico Boia não fica atrás e vem com "Ai, seu Mé", do Careca. Outro conjunto de sucesso: o Grupo Carioca, com o trombonista Candinho, ainda vivo e com cerca de 90 anos de idade.

Já havia a Odeon, desde 1902, lançado os discos de 19 centímetros de diâmetro, quase do mesmo tamanho que os de 45 rotações, hoje apresentados como novidade. A "Flor amorosa", polca do célebre Joaquim da Silva Calado, até hoje constantemente regravada, é apresentada pelos Irmãos Eymard. Naturalmente, como na maioria dos discos desse tempo, o nome do autor não consta da etiqueta, o que prova vir de longe a pouca importância que nossas fábricas de discos dão ao compositor popular. "Belinha" é valsa, também executada pelo mesmo conjunto. O Grupo do Malaquias consegue atrair as atenções com os choros "César" e "Fon fon", com "Corina" e "Curroca", com "Geni" e muitos outros, enquanto o Grupo Novo Cordão agrada com "Bequita" e "Assim, assim".

Mas não nos esqueçamos do Cadete, muito popular cantor, criador de "O bonde", "Quisera ver-te", "Vem ver Elisa"; e de "Os dois bêbedos", de Eduardo das Neves, o palhaço negro, autor de páginas imortais do nosso populário e também cantor de lundus e de desafios, como o "Desafio carnavalesco" e o "Desafio entre dois boiadeiros". Chiquinha Gonzaga, a nossa primeira maestrina, autora de "Ó abre alas", à frente de uma orquestra, passava para a cera músicas como "Sonhando" e "Falena".

Ernesto Nazareth, compositor inspiradíssimo de formação erudita, pianista brilhante, foi o grande fixador do maxixe, segundo Mário de Andrade. Suas composições, na época rotuladas "tangos brasileiros", tal o preconceito com que eram vistas as danças e os gêneros populares genuinamente nossos, são até hoje admiradas, e suas peças mais marcantes são gravadas constantemente por nossos maiores instrumentistas do presente: Radamés Gnattali, Jacob Bittencourt e Mário de Azevedo. O valsista Mário Penaforte, que mereceu um belo livro do poeta Onestaldo de Pennafort (que não é seu parente), tem inspiração nitidamente europeia, e Eduardo Souto, o autor de "O despertar da montanha", é, ao contrário, completamente nosso, não só nos tangos brasileiros como nos maxixes, sambas e nas músicas carnavalescas. Anacleto de Medeiros, compositor e regente da famosa Banda do Corpo de Bombeiros, autor da música "Rasga o coração", da valsa "Por um beijo", da canção "O que tu és", todas com letras de Catulo, não vem sendo lembrado como merecia. É o mesmo caso de Irineu de Almeida e de Pedro de Alcântara, o primeiro autor das músicas "Vai, ó meu amor, ao cam-

FRED FIGNER
E CATULO DA PAIXÃO
CEARENSE, C. 1940
[ACERVO CASA
EDISON/FRED
FIGNER]

po-santo" e "O meu ideal"; o segundo, da maravilhosa canção "Ontem, ao luar". A fama de Catulo da Paixão Cearense como letrista de todas essas músicas levou os seus parceiros a um injusto esquecimento, principalmente quando se sabe que muitas daquelas melodias alcançaram êxito muito antes que Catulo a elas viesse juntar os seus versos.

Alfredo da Rocha Viana Filho, o Pixinguinha, é todo um capítulo da nossa música popular. Compositor, instrumentista, orquestrador e regente, está presente em pelo menos 500 discos de sucesso. Tendo nascido em 1898, com mais de 60 anos portanto, bem cedo começou sua carreira artística. Composições suas, como "Rosa", "Carinhoso", "Naquele tempo" etc., foram primitivamente gravadas em solo de flauta pelo autor, e só mais tarde apresentadas com letras de autores diversos. Como orquestrador e regente, vamos encontrá-lo à frente de inúmeros grupos, como Os Oito Batutas, a Orquestra Típica Pixinguinha-Donga, a Orquestra Columbia de Pixinguinha, o Grupo da Guarda Velha, os Diabos do Céu e muitos outros. Como cantor, Pixinguinha está presente em "Yaô", gravação bem mais recente, da década de 1950.

Outro veterano que até hoje emociona os ouvintes é Vicente Celestino. Dois anos mais velho que Pixinguinha, é grande o número de gravações de que participou, desde os tempos de "Flor do mal", "Os que sofrem", "Por que fui poeta?" e "Aos pés da cruz" (1916).

Mas o tempo passa, os artistas primitivos vão desaparecendo, poucos ficando, novos surgindo, numa constante renovação de valores. Os processos de gravação ainda são rudes e imperfeitos, não existia o microfone de hoje, que quase *canta* para o cantor.

Era preciso ter voz para enfrentar a caixa acústica e para que os instrumentos do acompanhamento não dominassem o cantor.

É quando aparece, saído dos palcos dos teatros populares da praça Tiradentes, um jovem cantor que passaria a ser, durante muitos anos, o preferido do público brasileiro – Francisco Alves, o Chico Viola. Depois de gravar o *Pé de anjo*, seu primeiro disco, assina contrato com a Odeon e passa a apresentar os sambas do maioral da época, José Barbosa da Silva, o popularíssimo Sinhô. Seu primeiro disco na Odeon reúne os sambas "Cassino Maxixe", primeira versão de "Gosto que me enrosco", e "Ora vejam só". A numeração do disco ainda é da série 123000, e o cantor ganhou pela gravação a importância de 25 mil-réis, conforme confessa em seu livro de memórias.

AS PRIMEIRAS "CHAPAS" DE GRAMOFONE

A primeira companhia organizada para a fabricação das "chapas" de gramofone, a American Gramophone Company, é de 1887, dez anos depois das primeiras experiências de Charles Cros e Thomas A. Edison. Depois dos primeiros tempos, em que eram usados os cilindros, Emil Berliner inventou o *flat disc*, dando um grande passo para o desenvolvimento da indústria. Um ano depois, novas companhias são organizadas: a North American Phonograph Company e a Columbia Phonograph Company. Em 1889, os primeiros gramofones e discos comerciais são fabricados na Alemanha, por uma indústria de brinquedos. Dez anos mais tarde, o pintor Francis Barraud cria o célebre e popularíssimo cachorrinho e a legenda *"his master's voice"* para a Gramophone Co. No mesmo ano, Frank Seaman deixa a National Gramophone e começa a fabricar uma imitação do gramofone, chamada zonofone.*[2]

RÓTULO DO DISCO 78 ROTAÇÕES COM O SAMBA "PELO TELEFONE", GRAVADO PELA BANDA ODEON (COLEÇÃO JOSÉ RAMOS TINHORÃO/IMS)

* Sendo esta uma primeira tentativa de localização cronológica dos primeiros discos fonográficos feitos no Brasil, claro está que muitas falhas são visíveis. A ausência de catálogos, a completa falta de notícias nos jornais da época (ao contrário de hoje) tornam a tarefa das mais árduas, das mais ingratas. Mas a história do disco no Brasil há de ser feita um dia. Que estas notas sirvam como contribuição a um estudo definitivo.

2 A história do fonógrafo está muito bem contada e documentada em *The fabulous phonograph*, de Roland Gelatt (Londres: Cassell & Company Ltd., 1956).

Foram estas chapas Zon-O-Phone, fabricadas pela International Zonophone Company em Nova York e Berlim, as primeiras surgidas no Brasil, com a patente 3465, impressas especialmente para a Casa Edison, do Rio de Janeiro. No mesmo ano em que Enrico Caruso gravava dez árias para a Gramophone Co., em Milão, o "popularíssimo Baiano" passava para a cera o primeiro disco nacional, *Isto é bom* (10001), e mais 72 outros, conforme se lê no primeiro catálogo publicado pela Casa Edison, em 1902.[3]

Também do primeiro lustro (1902-1907) são os discos da Odeon Records, impressos especialmente para a Casa Edison, da série 10000, com 19 centímetros de diâmetro, em selo amarelo ou "bandeira nacional", bem como os primeiros de seriação 40000, em que figuram vários do célebre flautista Patápio Silva (recorde-se que o artista faleceu em 24 de abril de 1907). Interessante observar que a patente brasileira dos discos Odeon Record mantém o mesmo número da patente dos da Zon-O-Phone, o que nos leva a supor ser ela propriedade da Casa Edison, e não dos fabricantes estrangeiros que produziam discos para o Brasil.

Na primeira série Odeon, a 10000, vamos encontrar o famoso Mário Pinheiro, cantor dos mais conhecidos e estimados pelo público de então. Cantando lundus, como "O rouxinol de Elvira" ou "Pecaria", Mário atraía um grande público para esses discos de 76 rpm, e também o Baiano, em várias faces, como em "Ó ferro", uma cançoneta que já faz prever o samba. Mas a deficiência técnica desses discos é impressionante. O cantor tem que berrar para conseguir ser ouvido, para ultrapassar os instrumentos que o acompanham. Daí a preferência do público pelas formações instrumentais, o Grupo do Malaquias e o dos Irmãos Eymard, o Grupo Novo Cordão, o Grupo do Horácio e outros. Também as bandas de

---

3 Ver reportagem de Ary Vasconcelos "O samba nasceu na praça Onze", publicada na revista *O Cruzeiro*, e o artigo "Os primeiros discos lançados no Brasil", em *Música e Disco*.

formação militar, como a do 1º Regimento da Força Policial e a da Casa Edison, mereciam boa acolhida por parte dos discófilos dos primeiros tempos. É nessa série que vamos encontrar a primeira gravação de "Flor amorosa", o célebre choro de Antônio da Silva (Calado), o grande compositor popular carioca, nascido em 1848.[4]

Na série 40000, a segunda da Odeon, discos de 27 centímetros de diâmetro, selo amarelo, vamos encontrar os discos do já citado Patápio Silva.[5] O último (ou um dos últimos) deles traz o número 40244, o que nos permite situá-lo até o ano de 1907, data da morte do instrumentista. Além dos cantores e instrumentistas já mencionados, vamos encontrar o cançonetista Correa, interpretando "Fogo de palha", a Banda do Corpo de Bombeiros, o pianista Artur Camilo, o cantor Barros, o pianista Luís Amabile, a cantora e atriz Emília de Oliveira, além de outros.

Embora sem nenhuma referência, mas pelas suas características de gravação (um só lado da face), podemos afirmar que os discos Grande Record, Brasil – "gravação original feita no Brasil" –, Phoenix (a série 2000 é anterior à 200), produzidos pela Fábrica Fonográfica União especialmente para a Casa Edison de São Paulo, do sr. Gustavo Figner, e Favorite Record, com chapas *reproduced in Linden*, são da primeira década deste século ou dos primeiros anos da segunda. Em Brasil, Orestes de Matos gravou "A menina e a flor"; em Phoenix, pela Banda da Casa, vamos encontrar a primeira gravação, talvez, de "Flor do Abacate", choro conhecidíssimo, revivido, ultimamente, pelo bandolinista Jacob. Em Favorite é a gravação de "Eu sei que os teus olhares", modinha cantada pelo Nozinho para a Casa Faulhaber, do Rio de Janeiro.

---

4 Sobre Calado, ver artigo de Mariza Lira "O choro", em *Revista da Música Popular*, e *A canção brasileira*, de Vasco Mariz (2ª ed. Rio de Janeiro: Ministério da Educação e Cultura, 1959).
5 Sobre Patápio Silva, ver opúsculo *Patápio Silva (biografia)*, de autoria de Cícero Menezes, irmão do flautista (Rio de Janeiro: Cia. Editora Americana, s/d).

Mais recentes, já gravadas ambas as faces, são os discos Gaúchos, fabricados por S. Leonetti e gravados especialmente para a Casa A Elétrica, em Porto Alegre.

Mas, voltando aos discos Odeon Records, sem dúvida a marca que mais produziu e que reunia os mais famosos artistas da época, vamos encontrar as séries 108000 e 120000, produzidas, salvo engano, entre 1910 e 1916. No catálogo da Casa Edison de 1914 já constam discos da série 120000, conforme se lê em Batista Siqueira.[6] Na série 108000 vamos encontrar, indistintamente, os selos amarelo e "bandeira nacional" (o número 108261 é amarelo, o número 108290 é "bandeira nacional", o número 108294 volta a ser amarelo, e o 108300 é "bandeira nacional"). Novos artistas são encontrados: o maestro Albertino, dirigindo a Banda do Corpo de Bombeiros, Eduardo das Neves e César Nunes, Berta Santos e Isaura, Geraldo Magalhães, ora só, ora em dueto com a esposa, a Banda Escudero, o Cadete, além de instrumentistas solistas, como G. Almeida, que era acompanhado pelo pianista Artur Camilo em seus solos de flauta, bem como um outro especialista do instrumento, Pedro de Alcântara, acompanhado pelo genial Ernesto Nazareth.[7] Na série 120000, a principal novidade são os discos gravados por Chiquinha Gonzaga e seu grupo. A famosa maestrina, a primeira que escreveu uma música especialmente para o Carnaval, apenas dirigia o conjunto que gravou, entre outros, "Zaíra",

SEÇÃO DE ATACADO DA CASA EDISON, CATÁLOGO GERAL 1919 [ACERVO CASA EDISON/FRED FIGNER]

---

6 No livro *Modinhas do passado*, de Batista Siqueira, há uma cópia dos catálogos da Casa Edison, ora em poder de Mariza Lira. Infelizmente, a numeração está toda errada. Basta que se diga que, sob a mesma numeração, são apresentadas duas músicas de cada vez, quando sabemos que, na época, cada face tem número diferente.
7 Sobre Ernesto Nazareth, ver *Música, doce música*, de Mário de Andrade [São Paulo: L.G. Miranda Editor, 1933], e "Ernesto Nazareth na música brasileira", de Brasílio Itiberê [em *Boletim Latino-Americano de Música*, tomo VI, primeira parte, Rio de Janeiro, 1946].

CASA EDISON

Secção de Atacado

FABRICA "ODEON"

"Sonhando", "Falena" e "Dengosa".⁸ Os discos que conhecemos desta série têm o selo amarelo. O Grupo do Passos tinha à frente o flautista Antônio Maria Passos, músico que se exibia nos cinemas e bailes populares.

Entre 1916 e 1926 estão situadas as séries 121000, 122000 e 123000, três mil gravações duplas em dez anos, sendo que somente a partir da última série encontramos os discos de 25 centímetros de diâmetro, de 123060 em diante. Os outros ainda são de 30 centímetros. No primeiro milheiro destas três séries vamos encontrar o disco de estreia de um cantor que até hoje se mantém na ativa, sendo ainda dos mais vendidos e populares do Brasil – Vicente Celestino. A gravação 121052-3 reúne "Flor do mal", conhecida canção de Santos Coelho, e "Os que sofrem", de Alfredo Gama. O selo azul substitui o amarelo, embora, raramente, este ainda volte de quando em vez (o disco 121128-9 é amarelo); a primeira gravação do "Pelo telefone", samba que nasceu na casa da legendária Tia Ciata, onde se reuniam os grandes chorões do tempo, é a da Banda Odeon (121313, selo azul), logo seguida de outra, cantada pelo Baiano (121322, selo vermelho). Também nesta série vamos encontrar as primeiras gravações do nosso maior músico popular – Alfredo da Rocha Viana Filho, o Pixinguinha.⁹ A valsa "Rosa" e o choro "Sofres porque queres", rotulado de tango, compõem o disco 121364-5, em que Pixinguinha é solista de flauta, acompanhado de violão e cava-

FÁBRICA DA ODEON, CATÁLOGO GERAL 1918 (ACERVO CASA EDISON/FRED FIGNER)

---

8 Sobre Chiquinha Gonzaga, ver *Chiquinha Gonzaga, grande compositora popular brasileira*, de Mariza Lira (Rio de Janeiro: Papelaria e Typografia Coelho, 1939).

9 Nos primeiros discos de Alfredo Viana vem o nome Pexinguinha, com *e*, o que prova que o apelido é corruptela de "bexiguinha", alusivo às marcas de bexiga que o músico tem no rosto. Mais tarde, não sabemos como, surgiu a história de Pixinguinha, nome pelo qual, dizem, o músico era chamado pela avó, e que quer dizer, em dialeto africano, "menino bom". Ora, "dialeto africano" é coisa muito vaga. Até que provem o contrário, ficamos em Pexinguinha.

quinho (Donga e Nélson Alves). É provável que Pixinguinha tenha participado de outras gravações anteriores a "Rosa", a primeira, talvez, feita em seu nome. Tendo começado muito cedo (Pixinguinha nasceu em 1898, no dia 23 de abril), cercado de músicos, dos melhores da época, filho de flautista, não se lembra ele de quando começou a gravar. Como a maioria dos músicos que tomaram parte nas primitivas gravações, pouco pode informar a respeito delas. É conhecida a resposta dada por Donga, um dos Oito Batutas, quando Almirante lhe perguntou quantos anos o conjunto permanecera na Europa. "Desde que saímos do Brasil até que voltamos", foi o que informou o violonista.

Outros artistas surgidos de 1917 em diante: Grupo dos Carecas, Grupo dos 8 Emissários, Grupo do Além, Augusto, o Gaúcho, Grupo de Pimentel, Augusto Lima, Grupo Escola 13, Carlos Lima, H. Brandão, Batista Júnior, compositor e cantor, pai de Linda e Dircinha Batista, também ventríloquo que se exibia com grande sucesso nos palcos do Brasil, autor de "A roseira" e "Por que sonhar?"; Fernando, criador de "Nosso ranchinho", de Donga; Roberto Vilmar, barítono, que deixou "chapas" como a que reunia "Leão da noite", canção de Sá Pereira, e "Ai, ai, ai", canção crioula; Patrício Teixeira, interpretando modinhas do Catulo; Pedro Celestino, cantando músicas de Carnaval, como "Ó Rosa", uma das primeiras de José Barbosa da Silva, o Sinhô; Artur Castro e F. Rocha, cantores de sambas; Romeu Silva, à frente da sua Jazz Band Sul-Americana; e Sílvio de Sousa, dirigindo a American Jazz Band.

De volta da Europa, onde *realmente* obtiveram sucesso, os Oito Batutas gravam em 1922, em Buenos Aires, uma série de discos (conhecemos 12 desses discos) para a Victor. O poeta Hermes Fontes escreve, zangado, que eles "estragaram o sentimento brasileiro e a verdadeira poesia dos sertões",[10] em flagrante

---

10 "A modinha brasileira", artigo de Hermes Fontes publicado na revista *Ilustração Brasileira* de 7 de setembro de 1922.

falta de compreensão. Como poderiam exprimir a "poesia dos sertões" homens 100% urbanos, que se reuniam nos cafés e botequins da praça Onze?

Com o aparecimento do jovem Francisco Alves, podemos encerrar a fase "heroica" da música popular brasileira. Aliás, ainda é um enigma a data do primeiro disco de Chico Alves, apesar de terem sido publicadas reportagens e discografias sobre ele, além de suas próprias memórias.[11]

---

11 Comparar a "Discografia completa de Francisco Alves", de Sílvio Túlio Cardoso, publicada em *Revista da Música Popular*, com *Minha vida*, de Francisco Alves (2ª ed. Rio de Janeiro: Editora Brasil Contemporâneo, 1937).

Muitos de nossos musicólogos e folcloristas, quando falam do samba carioca, música que, queiram ou não, é a mais difundida e a mais bela do Brasil, perdem-se numa desconcertante série de afirmativas não se sabe onde encontradas, tirando delas conclusões as mais estapafúrdias. Raras as exceções.

Samba é "dança cantada, de origem africana, compasso binário e acompanhamento obrigatoriamente sincopado", define o mais popular dos nossos dicionários. Já Luís da Câmara Cascudo, em seu *Dicionário do folclore brasileiro*, assim começa o longo verbete "samba":

> Baile popular urbano e rural, sinônimo de pagode, função, fobó, arrasta-pé, balança-flandre (Alagoas), forrobodó, fungangá. Dança popular em todo o Brasil. Dança de roda, inicialmente o mesmo batuque, é atualmente dançado como elemento citadino, com par enlaçado. Determinou o verbo "sambar", "dançar" e "sambista", quem canta ou dança samba. Provém de semba, "umbigada" em Luanda.

SAMBAS E SAMBISTAS

RODA DE SAMBA, RIO DE JANEIRO, 1946. FOTO DE THOMAZ FARKAS (THOMAZ FARKAS/ ACERVO IMS)

De origem africana, o samba, também chamado primitivamente "baiano", sofreu, desde sua implantação no Brasil, múltiplas transformações. A música dos brancos, música religiosa, a ópera e a opereta (a primeira trazendo a contribuição italiana; a segunda, a marca vienense), mais as cançonetas francesas (no princípio do século em grande voga entre nós), a valsa, a polca, o *scottish*, a mazurca, a quadrilha, todos esses elementos, e ainda muitos outros, fizeram o amálgama que é o samba dos nossos dias, o samba carioca.

Depois de uma época em que o tanguinho brasileiro era nome e disfarce para autêntica música nossa, o choro, depois do maxixe, fundindo toda a beleza e musicalidade de um ao buliçoso e à brejeirice do outro, surgiu o samba.

O samba é um só. Os amantes de classificações mais ou menos arbitrárias falam de samba de morro, como o da primeira fase; samba da cidade, segunda etapa, esquecendo-se de que a subida ao morro, das populações da cidade, por motivos única e exclusivamente econômicos, só se deu depois do surgimento *oficial* do primeiro samba, com partitura impressa e gravado em disco fonográfico comercial: o famoso "Pelo telefone", nascido na residência da famosa Tia Ciata, na praça Onze, em 1917, samba da cidade.

Embora sendo a forma de maior divulgação da música popular brasileira e a preferida nos festejos carnavalescos, nos bailes de salão ou nos ranchos e nas ruas, não foi o samba a primeira manifestação do carioca durante os festejos de Momo.

Chiquinha Gonzaga, maestrina e compositora, foi a primeira a compor música especialmente para o Carnaval, o famoso "Ó abre alas", de 1889, feito depois de acurada observação da música e da dança dos negros. Muitos sambas aparecidos posteriormente foram, antes, marchas-rancho, como "Ó abre alas", depois adaptadas. É o caso do famoso "Gosto que me enrosco", principalmente gravado como "Cassino Maxixe", e nas duas vezes como sendo de autoria de José Barbosa da Silva, o Sinhô. Heitor dos Prazeres, outro notável compositor popular, diz que a música é sua. Ora, como Sinhô é o autor da conhecida frase "samba é como passarinho, é de quem pegar", tudo leva a crer que Heitor está com a razão.

Também há os que apontam as escolas de samba como precursoras, esquecendo-se de que estas são ainda mais recentes, a primeira fundada no Estácio de Sá, na década de 1920, a Escola de Samba Deixa Falar. Ismael Silva, um dos fundadores da primeira escola, refere-se à Escola Normal, então funcionando no bairro do Estácio, e aos sambistas de fama, professores, daí nascendo a designação.

Depois de "Pelo telefone", surgiram as primeiras produções de Sinhô. Tipo autêntico de carioca, pianista das gafieiras, amigo de políticos importantes, querido e respeitado dentro da classe a que pertencia, foi ele um autêntico artista popular. Tocando quase todos os instrumentos, o piano e o violão, bem como diversos outros de sopro, suas músicas tinham uma espontaneidade e um frescor raramente conseguidos por outros compositores. Seus versos, apesar das imagens rebuscadas e pernósticas, só poderiam ser feitos por ele. "Jura", "Cansei", "A medida do Senhor do Bonfim", "A favela vai abaixo", "Sabiá" etc. são, ainda hoje, peças das melhores produzidas pela lira popular carioca.

Rival de Sinhô, José Luiz de Morais, o Caninha, também produziu sambas de sucesso como "Ó que vizinha danada", "Onde está o dinheiro?" e, mais recentemente, "É batucada". Outros nomes famosos: José Francisco de Freitas, autor de "Dondoca", "Zizinha" e "Dorinha, meu amor", que, regravado, foi a música de maior êxito em 1957; Luís Nunes Sampaio, que fez com Freire Júnior o "Ai, seu Mé"; Ernesto dos Santos, o Donga, Eduardo Souto, Sebastião Cirino, Alfredo da Rocha Viana Filho, o Pixinguinha, talvez o nosso maior músico popular. Embora tendo se especializado no choro, gênero eminentemente instrumental, também produziu Pixinguinha alguns sambas dos melhores: "Samba de nego", "Promessa", "Festa de branco".

Mas, enquanto os chamados compositores da cidade gravavam e vendiam suas músicas nos subúrbios da Central e da Leopoldina, nos morros outra casta de compositores fazia sua música sem visar a nenhum interesse comercial, apenas para os íntimos de suas festas, para o "seu gasto", como diziam. Deste agrupamento de sambistas, cantores e ritmistas, de dançarinas e curiosos, surgiram as escolas de samba. No Estácio de Sá, além da já citada, ficava a Quem Fala de Nós Tem Paixão, rival do Recreio das Flores, da Saúde, do Flor do Abacate, do Catete, e da União da Aliança, de Botafogo. No desfile carnavalesco de uma escola não havia motivos alegóricos, como nos ranchos ou na apresentação das grandes sociedades. Também não havia orquestra ou conjunto de instrumentos de corda ou sopro. Era o samba em toda a sua pureza. O coro cantava unicamente acompanhado de instrumentos de percussão: tamborins, cuícas, surdos etc., hoje bastante conhecidos, mas na época uma novidade. Foi a escola Deixa Falar que popularizou esses instrumentos.

Posteriormente, novas escolas foram criadas: Para o Ano Sai Melhor, ainda no Estácio; a Escola do Grotão, no morro de São Carlos; a famosa Estação Primeira, em Mangueira, talvez a mais popular até hoje, fundada por Antonico e Arturzinho, elementos do Estácio que passaram para o morro. Nela apareceriam mais tarde dois grandes sambistas: Zé Com Fome, que se tornou popular com o apelido de Zé da Zilda (José Gonçalves); e Agenor de Oliveira, o insuperável Cartola, autor de "Semente de amor", "Divina dama" e "Quem me vê sorrindo". Na estação de Osvaldo Cruz, Paulo de Oliveira fundava a Escola da Portela, e identificou-se tanto com a criação que se tornou conhecido como Paulo da Portela. No Salgueiro, o célebre Antenor Gargalhada fundou a Verde e Amarelo, enquanto em Santo Cristo surgia a Vizinha Faladeira.

Pouco antes de 1930, quatro nomes avultam no panorama da música popular brasileira: Ary Barroso, Noel Rosa, Lamartine Babo e João de Barro. De tradicional família mineira de Ubá, Ary

LAMARTINE BABO E ALMIRANTE, DÉCADA DE 1930 (ACERVO FUNDAÇÃO BIBLIOTECA NACIONAL - BRASIL)

Evangelista Barroso cedo se transferiu para o Rio de Janeiro, onde tocou piano em cinemas e festas dançantes, fez os seus estudos de direito e, anos depois, aprendeu música. É o mais famoso compositor popular brasileiro de todos os tempos. Ary já produziu centenas de peças, entre elas "Faceira", "Morena boca de ouro", "Aquarela do Brasil", "No Rancho Fundo", "Vou à Penha", "É mentira", "Iaiá boneca", "É luxo só".

Carioca de Vila Isabel, onde nasceu, viveu e morreu, Noel de Medeiros Rosa, músico e letrista excepcional, deixou algumas obras-primas do nosso populário, como "Com que roupa?", "Até amanhã", "Palpite infeliz", "Fita amarela", "Estamos esperando", "Tudo que você diz" etc. Com Vadico produziu dez sambas, entre eles "Feitiço da Vila", "Feitio de oração" e "Conversa de botequim".

Capaz de criar com a mesma emoção um samba lento e dolorido como "A tua vida é um segredo" ou uma valsa dolente original e inspirada, é Lamartine Babo, contudo, antes de mais nada, um compositor carnavalesco. Quando os Irmãos Valença, compositores pernambucanos, mandaram para a Victor a partitura de "O teu cabelo não nega", foi Lamartine encarregado pela direção da empresa de realizar os retoques necessários. Ele transformou a música, deu-lhe "molho e bossa" tão cariocas que fariam dela um dos grandes êxitos do Carnaval. Depois, vieram "Linda morena", "Marchinha do amor", "Uma andorinha não faz verão", "Rasguei a minha fantasia" e "Os rouxinóis", este recentíssimo.

Carlos Alberto Ferreira Braga, o João de Barro, é outro grande compositor popular. Seus sucessos, tais como "Trem blindado", "Linda lourinha", "Cadê Mimi" e "Pirata da areia", revelam uma personalidade. Com Alberto Ribeiro lançou "Touradas em Madri", recebendo a consagração popular de que poucos autores podem vangloriar-se, quando, durante um jogo de futebol entre a Espanha e o Brasil, surgiram na boca de milhares de espectadores as primeiras frases da conhecida marchinha carnavalesca.

Compositores como Gradim, Canuto, Brancura, Baiaco e o já citado Cartola raramente gravavam discos, e, quando isso acontecia, muitas vezes suas composições apareciam com nomes de pseudoautores. No entanto, são todos eles dos melhores autores do samba carioca. Impossível citar, no espaço limitado de um simples artigo, todos os compositores de mérito que têm cultivado o samba. Convém não esquecer Henrique Vogeler, autor de "Iaiá", mais conhecido como "Ai, Ioiô" ou "Linda flor"; Ismael Silva e Nilton Bastos, inspirados compositores do Estácio de Sá, que forneceram os melhores números do repertório de Francisco Alves e Mário Reis, Nássara, Gadé e Valfrido Silva, Geraldo Pereira, Bucy Moreira, Custódio Mesquita, Joubert de Carvalho, Evaldo Rui, Romualdo Peixoto (Nonô), Bonfiglio de Oliveira, Jararaca, Vicente Paiva, Alcyr Pires Vermelho, Dunga, Sílvio Caldas, Osvaldo Viana e os novíssimos Billy Blanco, Monsueto, Antônio Carlos Jobim e Miguel Gustavo.

Cícero de Almeida, Mário Travassos de Araújo, J. Cascata e Leonel Azevedo, Almirante, Alcebíades Barcelos e Armando Vieira Marçal, além de João da Bahiana, especialista nos corimás afro-brasileiros, são autores de sambas bastante conhecidos.

Mas o samba não parou. Dezenas de outros compositores aparecem de ano para ano, trazendo a sua contribuição para tornar o Carnaval carioca um dos mais famosos do mundo, para o "meio de ano", expressão que eles usam para designar a música não carnavalesca. Centenas de cantores divulgam pelo rádio, pela televisão e pelo disco as peças que serão, futuramente, história do samba.

Nos morros e nos subúrbios, num apartamento do Catete ou de Copacabana, em um café da Lapa ou em qualquer outro lugar, o samba continua vivo, como realizando um vasto mural com a história dos nossos costumes, dos gostos do nosso povo, da sensibilidade desse homem simples mas quase sempre tão sensível que é o sambista carioca.

Em Alfredo da Rocha Viana Filho, o Pixinguinha, devemos considerar o instrumentista, o compositor, o orquestrador e o chefe de orquestra. Poderíamos, ainda, acrescentar o cantor, se este não fosse tão pouco conhecido do público em geral. Em todas as manifestações de sua arte, Pixinguinha revela-se admirável, o que nos leva a afirmar, com toda a serenidade, estarmos diante do maior músico popular que já tivemos em todas as épocas, mesmo considerando a grandeza de um Ernesto Nazareth, de um Sinhô ou de um Noel Rosa.

Alfredo da Rocha Viana Filho nasceu no dia 23 de abril de 1898, na rua da Floresta (atualmente rua Padre Miguelinho), número 44, no bairro do Catumbi, no Rio de Janeiro. Pixinguinha é filho de Alfredo da Rocha Viana e Raimunda Viana. O pai "tocava de primeira vista, a princípio na sua flauta amarela, de cinco chaves, e ultimamente em uma de novo sistema", conforme testemunho de Alfredo Gonçalves Pinto. Apaixonado pela música sem ser um

PIXINGUINHA E JOÃO DA BAHIANA (EM PRIMEIRO PLANO) NA INAUGURAÇÃO DA RUA PIXINGUINHA, RAMOS, RIO DE JANEIRO, 17.11.1956 (ACERVO PIXINGUINHA/IMS)

GRUPO DE MÚSICOS DE CHORO: EM PÉ, RAUL PALMIERI (COM A FLAUTA), PATRICIO TEIXEIRA (O SEGUNDO DA ESQUERDA PARA A DIREITA), PIXINGUINHA (COM O SAXOFONE), CANINHA (DE CHAPÉU), E PORTO (COM O CLARINETE); NA FILA DO MEIO, HENRIQUE (À ESQUERDA), COM O VIOLÃO), ALFREDINHO FLAUTIM (O SEGUNDO DA ESQUERDA PARA A DIREITA), HONÓRIO (O TERCEIRO) E CHINA (À DIREITA, COM O VIOLÃO); NO CHÃO, BERNARDO (O SEGUNDO DA ESQUERDA PARA A DIREITA), MAMEDE (COM O RECO-RECO), LOURENÇO (COM O BANJO), E JACÓ PALMIERI (COM O PANDEIRO); RIO GRANDE DO SUL, 1927 (COLEÇÃO JOSÉ RAMOS TINHORÃO/IMS)

grande instrumentista, o velho Viana deixou um grande arquivo de músicas antigas e modernas. Criado em meio de instrumentistas, ouvindo diariamente os lundus, as polcas e as valsas da época, o menino, que mereceu da avó a alcunha de Pizindim, que quer dizer, segundo alguns, "menino bom", em certo dialeto africano naturalmente muito deturpado, cedo se apaixonou pelos ritmos e melodias que eram executados pelo seu pai e pelos familiares da casa. Seus primeiros estudos foram feitos no colégio do professor Bernardes, situado na rua Miguel Paiva. O mestre-escola tinha "carta branca" para proceder com a maior severidade com seus pupilos, funcionando a régua e a palmatória amplamente. Passando para outro colégio, o Liceu Santa Teresa, da rua dos Coqueiros, 35, Pixinguinha já era popular entre os meninos do bairro – Mário Boi, Amadeu, Pedro Linguiça e Haroldo – pela sua habilidade no jogo do gude e na confecção dos mais belos "papagaios" do bairro. Fumando os seus primeiros cigarros, marca Icaraí, de tostão o maço, o menino lastimava sua falta de jeito para o futebol, que começava então a despertar os entusiasmos da garotada. Foi no Mosteiro de São Bento, o terceiro educandário por onde passou, que se fez sacristão. Quando a família mudou-se para a rua Vista Alegre, Pixinguinha já fazia acordes nas cordas do cavaquinho, enquanto Léo e Henrique, seus irmãos, manejavam os violões. Constatando a inclinação dos filhos para a música, o velho Viana encaminhou-os a um colega de repartição, seu vizinho do número 9, César Borges Leitão, que de música pouco mais conhecia que os alunos. A "cartilha" de Francisco Manuel passou de mão em mão. Em 1911, Pixinguinha compunha o seu primeiro choro – "Lata de leite". Percebendo que o menino queria realmente tocar um instrumento, seu pai sugeriu que ele tocasse flauta. Pixinguinha queria uma requinta, mas a flauta estava mais à mão, havendo duas em casa. Enquanto o filho fazia a primeira escala, o pai fazia a segunda.

Quando o professor Irineu de Almeida, amigo da família Viana, anunciou sua transferência para o Rio, foi logo convidado a vir morar na "pensão Viana", assim chamada pela hospitalidade que a todos os amigos dispensava a residência familiar. A casa tinha oito quartos e quatro salas, e os meninos ficaram radiantes com a vinda do novo hóspede, que poderia ministrar-lhes uma cultura musical mais aprofundada. A chegada de Irineu foi comemorada com uma grande festa. Pixinguinha já possuía uma bela flauta, que o pai mandara vir da Europa e que custara a elevada soma de 600 mil-réis.

Com 15 anos de idade, Pixinguinha tornou-se músico profissional. Levado por amigos a uma casa de chope, na Lapa, ainda de calças curtas, foi convidado a tocar. Não se fez de rogado e executou alguns números do seu repertório, sendo muito aplaudido. Contratado pela direção do estabelecimento, fez parte durante pouco tempo da Orquestra do Pádua, onde conheceu, entre outros, o pistonista Bonfiglio de Oliveira. Mais tarde, pelas mãos do violonista Artur Nascimento (Tute), foi levado à presença do maestro Paulino Sacramento, que dirigia a orquestra do Teatro Rio Branco, na avenida Gomes Freire. O empresário [Cristóvão

Guilherme] Auler relutou em contratar o novo músico, dada a sua pouca idade. Mas a técnica que já possuía e o domínio que exercia sobre o instrumento fizeram que o empresário mudasse de ideia. Pixinguinha estreou com a peça *Chegou Neves*, com um elenco dos melhores da época - Cinira Polônio, Brandão Velho (avô de Brandão Filho), Mercedes Vila, Júlia Martins, Pinto Filho e outros. Pixinguinha tocava com a orquestra, mas, em certa passagem da peça, executava um choro, como solista, em determinado número de Brandão Velho. A família do flautista, os amigos do bairro e os companheiros de música estavam presentes à representação. Todos vibravam de entusiasmo e chamavam o solista pelo apelido de Carne Assada (durante uma festa em sua residência, Pixinguinha desaparecera; mais tarde, encontraram-no escondido, comendo carne assada, razão do apelido). Aos domingos, o Teatro Rio Branco exibia um filme. Pixinguinha acompanhava na orquestra as peripécias de Pearl White e os amores de Theda Bara. Como ficara doente, foi, certa vez, substituído pelo flautista Antônio Maria Passos. Sem o mesmo talento musical, Antônio Maria levou tremenda vaia, pois muitos dos espectadores frequentavam o cinema apenas para ouvir a flauta magistral do jovem músico.

Em 1922, Pixinguinha passa-se para o Cinema Palais, na avenida Rio Branco, próximo à rua Sete de Setembro. Aí nasceria o mais célebre conjunto instrumental da nossa música popular - Os Oito Batutas. Já era então orquestrador e compositor de várias peças de sucesso, como "Rosa", "Sofres porque queres", "Nostalgia ao luar", "Alma que sofre", "Por que sofrer", "Mentirosa" etc. Um certo coronel Gustavo era, então, o proprietário do Cine Palais, que mantinha duas orquestras, uma na sala de espera, outra no salão de projeções, acompanhando os filmes. Chamado pelo gerente da casa, o sr. Franklin, Pixinguinha muito se espantou quando lhe foi proposta a organização de um conjunto para se exibir na sala de espera, sabido que só músicos brancos eram admitidos

PIXINGUINHA (À ESQUERDA) NO BAR COM AMIGOS, ENTRE ELES ALFREDINHO FLAUTIM (DE BONÉ) E JOÃO DA BAHIANA (À DIREITA); RIO DE JANEIRO, C. 1940 (ACERVO PIXINGUINHA/IMS)

para aquelas funções. Pixinguinha organizou, então, o conjunto dos Oito Batutas, formado por ele e mais os músicos Ernesto dos Santos (Donga), violão; Otávio Viana (China), cantor, violonista e pianista; Nélson dos Santos Alves, cavaquinho; Luís de Oliveira, bandola e reco-reco; Raul Palmieri, violão; Jacob Palmieri, pandeiro; José Alves, bandolim e ganzá. Em poucos dias o *hall* do Palais atraía multidões. O trânsito da avenida Central era interrompido; muita gente comprava entrada apenas para ouvir o novo conjunto, tal a novidade e a beleza de suas execuções, o ineditismo de suas músicas. Rui Barbosa era admirador dos mais assíduos às sessões do cinema; Ernesto Nazareth saía do seu piano no Cinema Odeon, quase em frente ao Palais, para ouvir, deliciado, as músicas de Pixinguinha e seus companheiros. Passaram a ser a grande sensação da temporada as exibições dos Oito Batutas. Com a vinda do bailarino Duque e sua companheira, Gaby, que faziam furor nas capitais do Velho Mundo, passaram Os Oito Batutas a tocar, também, no Cabaré Assírio, no andar subterrâneo do Theatro Municipal, frequentado pela *jeunesse dorée*, os *playboys* da época, rapazes ricos e pouco atarefados. Foi Duque quem sugeriu ao sr. Arnaldo Guinle ajudar o conjunto em uma temporada na Europa.

O cronista Floresta de Miranda, que na época se achava em Paris, evoca em uma de suas crônicas a chegada dos nossos músicos à capital da França:

> Paris, inverno de 1922. Frio de rachar, vários graus abaixo de zero. Duque e eu estávamos na estação de Quai d'Orsay, esperando o trem de Bordeaux. Nesse trem iriam chegar Os Oito Batutas. Às 23 horas apareceram os músicos brasileiros, cada qual carregando o seu instrumento. Trajavam roupas leves e tiritavam. Na manhã seguinte Duque os levou a comprar roupas apropriadas para aquele clima. Vem a estreia no Sherazade. Sucesso completo. Paris acode àquele *dancing*. Pixinguinha com a sua flauta infernal faz o diabo. China aba-

fa com o seu violão e a sua bela voz e Donga abafa no pinho e desperta paixões...

Harold de Bozzi, primeiro prêmio de flauta do Conservatório de Paris, fica embasbacado com o Pixinguinha. Durante seis meses os nossos músicos foram cercados pelo público mais entusiasmado que é possível imaginar. Findo o período de exibições, embarcaram rumo ao Brasil, sem tocar em Madri e Lisboa, mas estendendo a viagem até Buenos Aires, onde gravaram na Victor argentina alguns discos dos mais preciosos e dos mais raros da discografia de música brasileira.

Em 1923 já estão novamente no Assírio, mas desta vez com orquestra contando vários instrumentos de sopro. Já não se apresentavam como Os Oito Batutas, mas conservaram todas as qualidades que fizeram deles legítimos expoentes da nossa música popular.

Regendo a orquestra do Teatro Rialto, Pixinguinha conhece a estrela da Companhia Negra de Revistas, que ali se exibia, a jovem Albertina da Rocha, com ela se casando.

De 1925 a 1930, muitas gravações são realizadas tendo Pixinguinha como solista, como orquestrador e chefe de orquestra, tanto na Odeon como na sua subsidiária Parlophon: "Pé de mulata" (P-10293), "Desprezado" (P-12893), "Gavião calçudo" (P-12916), "Onde foi Izabé?" (P-12917), "Carinhoso" (P-12877), "Promessa" (P-12865), "Não te quero mais" (P-12865), "Bambolelê" (P-12916), todas pela Orquestra Típica Pixinguinha-Donga, algumas com parte de canto, por Benício Barbosa ou Patrício Teixeira. Na Odeon, com a Orquestra dos Oito Batutas, vamos encontrar: "Sou da fuzarca", "Mexeriqueiro" (O-10294), "Teus ciúmes" e "Seu Mané Luiz" (O-10248), "Tu queres nota" e "Quem foi que disse?" (O-10264), "Vem meu bem" e "Bem-te-vi" (O-10249).

Francisco Alves, na Odeon, grava dois dos mais populares sambas de Pixinguinha: "Samba de nego" (O-10111) e "Festa de branco" (O-10130). De autoria do nosso músico vamos encontrar mais o samba "Dança dos ursos" e o choro de roça "Casamento do coronel Cristino", gravados pela Orquestra Brunswick, o primeiro com o número 10032, o segundo, 10079. Ainda em Parlophon, vamos encontrar (pasmem!) dois tangos, o segundo com letra em castelhano, de autoria do mais brasileiro dos nossos músicos: "Fraternidade" e "Mis tristezas solo lloro" (P-12850).

Com a fundação da Victor Talking Machine Co. of Brazil, em novembro de 1929, Pixinguinha é contratado como seu artista exclusivo. É grande sua atividade artística nesse período. Como solista de flauta, vamos encontrá-lo em verdadeiras obras-primas, como o famoso "O urubu e o gavião" ou "Aguenta 'seu' Fulgêncio" (V-33243), em que toda a sua técnica e seus dons de improvisação são postos à prova. Em 1932, organiza o Grupo da Guarda Velha, um dos mais perfeitos conjuntos orquestrais brasileiros, dos mais típicos, com instrumentos como o omelê, a cabaça, o prato e faca e outros, pela primeira vez usados em gravações. A orquestra era constituída pelos seguintes instrumentistas: Luiz Americano, João Braga e Jonas Aragão (saxofone e clarinete); Bonfiglio de Oliveira (clarinete e pistão); J. Martins (contrabaixo e bandolim); Wan Tuyl (trombone); Ernesto dos Santos, o Donga (banjo, violão e cavaquinho); Faustino da Conceição (tantã e instrumentos de batuque); Adolfo Teixeira (cabaça); João da Bahiana (pandeiro). Impossível enumerar aqui todas as gravações de Pixinguinha à frente do Grupo da Guarda Velha, pois foram centenas delas. Vamos, entretanto, citar apenas algumas, para que o leitor faça ideia de sua atividade: "Que querê" e "Já andei" (V-33509), ambos com estribilho por Zaira de Oliveira e Francisco Sena; "Cadê Viramundo" e "Conversa de crioulo" (V-33507), instrumentais; "O teu cabelo não nega" (V-33514), com parte de canto por Castro Barbosa; "Esperança", quadrilha em duas faces (V-33532); "Vi o pombo gemê" e "Xou kuringa" (V-33573), dois afro-brasileiros com canto por Francisco Sena; "Trem blindado", marcha (V-33610), com canto por Almirante; "Linda morena", marcha (V-33614), canto

CHURRASCO OFERECIDO NO SÍTIO DO DEPUTADO BRENO DA SILVEIRA: AO CENTRO: BENEDITO LACERDA (COM A FLAUTA), BRENO DA SILVEIRA E PIXINGUINHA (COM O SAXOFONE); JACAREPAGUÁ, RIO DE JANEIRO, 19.03.1955 (COLEÇÃO JOSÉ RAMOS TINHORÃO/IMS)

por Mário Reis e Lamartine Babo; "Moleque indigesto", marcha (V-33620), canto por Carmen Miranda e Lamartine Babo; "Tentação do samba", partido-alto (V-33633), canto por Patrício Teixeira, além de centenas de outros. Em todas as gravações que enumeramos, Pixinguinha é o orquestrador e regente, e todas trazem a sua marca de músico admirável e genuinamente brasileiro.

Outra orquestra das mais importantes é a chamada Diabos do Céu. Pixinguinha também é seu diretor e orquestrador. Na Columbia, ele está à frente da Orquestra Columbia de Pixinguinha, acompanhando alguns sucessos de Moreira da Silva e de outros bons cantores.

Em agosto de 1940, chega ao Brasil o famoso maestro Leopold Stokowski. Além de realizar uma série de concertos, pretendia gravar alguns números de música popular brasileira autêntica. Ouviu alguns cantores de maior cartaz, algumas orquestras e conjuntos regionais de estações de rádio. Sua decepção foi total! Mais tarde, em contato com o nosso grande Villa-Lobos, e orientado por ele, Stokowski fez vir à sua presença as figuras indicadas pelo maestro patrício. Depois de algumas audições, seu entusiasmo foi completo. Na mesma noite, a bordo do navio Uruguai, gravou alguns números excelentes, ainda hoje das melhores gravações que se realizaram com música popular brasileira. E foram os velhos mestres, com Pixinguinha à frente, os que entusiasmaram o grande músico: João da Bahiana, Donga, Luiz Americano, Jararaca, Ratinho, José Espinguela, com seu Corão dos Velhos, Agenor de Oliveira (Cartola), José Gonçalves (Zé Com Fome ou Zé da Zilda), com a Escola de Samba Estação Primeira, de Mangueira, Mauro César e a cantora Janir Martins. Stokowski gravou dezenas de faces, aproveitando, de volta aos Estados Unidos, apenas 16 delas, que se encontram nos álbuns Columbia C-83 e C-84. A presença de Pixinguinha é notada em grande parte dos números gravados, quer como dirigente, quer como solista e até como cantor.

Sentindo as mãos trêmulas, Pixinguinha passou da flauta ao saxofone tenor (embora ainda toque para os íntimos, e como ninguém, a flauta que o celebrizou). Sendo um músico completo, e mais, tendo o verdadeiro "espírito" de brasilidade em suas orquestrações, sabendo o tempo certo, e a execução certa, o repertório certo e representativo de nossa música popular, sua fama se faz aumentar com o correr dos anos. Os Festivais da Velha Guarda, iniciativa magnífica de Almirante, realizados em São Paulo, vieram mais uma vez confirmar o prestígio do grande músico brasileiro. A série de gravações em que ouvimos Pixinguinha no saxofone e Benedito Lacerda na flauta, em sua maioria números de autoria do compositor de "Carinhoso", está pedindo uma urgente reedição, desta feita em LP, pois as matrizes são relativamente recentes, e a RCA Victor, detentora delas, bem poderia brindar o seu público com números como "Sofres porque queres", "1 × 0", "Oito Batutas", "Ainda me recordo", "Matuto", "O gato e o canário", "Urubatan", "Proezas do Solon", "Segura ele" etc.

Os LPs que gravou para a Sinter, nestes últimos anos, estão entre os melhores que já se fizeram nestes anos de microssulco, principalmente os últimos deles, intitulados *Assim é que é Pixinguinha* e *Cinco companheiros*, respectivamente, reunindo uma série impressionante das mais autênticas e mais belas músicas do repertório popular brasileiro.

Assim é Pixinguinha, o músico, o artista. Sendo hoje uma figura nacional, com nome em placa de rua, o homem Pixinguinha continua a ser o mesmo de sempre, simples e humano, dono de uma bondade sem igual, amigo perfeito, modesto, sem a "máscara que muitos por aí sem um centésimo do seu valor afivelam na face sem o menor pudor".

Quando um repórter perguntou recentemente a Pixinguinha qual parte de sua obra ele considerava a mais importante, se a do compositor, a do instrumentista, a do orquestrador ou se a do regente de orquestra, ele respondeu, meio encabulado: "O que eu gosto mesmo é de fazer minha musiquinha...".

AS "CONFISSÕES" DE NOEL ROSA

São de um velho recorte de jornal, que encontro no meu arquivo, as "confissões" de Noel Rosa que passo a transcrever; talvez tenham sido escritas pelo próprio punho do sambista, talvez fossem ditadas a algum jornalista. De qualquer modo, trazem cunho de autenticidade, estão bem de acordo com o que dizia a amigos nos velhos tempos dos cafés Nice e Chave de Ouro. Daí seu interesse maior.

INFÂNCIA

Mesmo em guri, a minha grande fascinação era a música. Qualquer espécie de música. Fosse qual fosse. E amava os instrumentos musicais, sentindo-me sonhar ante qualquer melodia. Canções de simples amas-secas, ninando crianças; coisas sem nexo, brotadas da inspiração musical improvisada; ou o

NOEL ROSA, EM CARICATURA DE NÁSSARA PUBLICADA COM O TÍTULO *O ESPADACHIM DA VILA*, C. 1936 (COLEÇÃO JOSÉ RAMOS TINHORÃO/IMS)

canto dos pássaros, de pardais, de cigarras; ou mesmo a rude música urbana, com os rumores desconcertantes dos bondes, carroças, pregões – tudo isso me encantava.

A ESTREIA

Eu não pensava em ser general, nem presidente da República. Que valia o próprio fastígio dos reis, dos soberanos absolutos, diante do encanto comunicativo dos criadores de ritmo? Eu também não sonhava com ópera. Queria mesmo a música do povo inteiro, música generosa, música acessível a todos, que a todos embriaga, que vai de alma em alma, comunicando uma mesma e religiosa emoção. Mas eu queria tocar um instrumento qualquer. E foi o bandolim a primeira coisa que toquei. E que toquei com alma, com unção, no desejo ingênuo de sublimar os sons todos que se desprendiam do instrumento. Sim, estreei com um bandolim. Eu tocava bandolim horas esquecidas, em um encantamento progressivo. Nada me parecia mais belo; nada parecia exprimir uma doçura mais penetrante. Era um instrumento encantado, de que eu arrancava, com os meus dedos inexpertos, efeitos maravilhosos. Eu me embevecia como se nas cordas do bandolim cantasse, de fato, o meu sonho de menino.

    Foi graças ao bandolim que eu experimentei, pela primeira vez, a sensação de importância. Tocava e logo se reuniam, ao redor de mim, maravilhados com a minha habilidade, os guris de minhas relações. A menina do lado cravava em mim uns olhos rasgados de assombro. Então eu me sentia completamente importante. Ao bandolim confiava, sem reservas, os meus desencantos e sonhos de garoto que começava a espiar a vida.

O VIOLÃO E AS SERENATAS

Comecei a estudar violão, sentindo vagamente que ele daria a mim maior importância. Verifiquei que era um instrumento mais completo, de maior beleza comunicativa que o bandolim. O meu sonho absorvente passou a ser o de dominar amplamente o violão. Tanto me esforcei que, no fim de certo tempo, já tocava melodias várias. Ouvir o violão era como se ouvisse a voz do próprio coração, o lirismo que nasceu comigo. Com o violão, veio o período maravilhoso das serenatas. Nem todos conhecem, e todos podem imaginar, uma noite passada em claro, pelas ruas, à luz das estrelas e à sugestão da música. É uma emoção doce, envolvente, profunda. Eu não conhecia, ainda, a serenata. E quando realizei a primeira, a minha sensação foi poderosa. Já a noite ia alta. Mas muita gente despertava e vinha olhar-nos, através das vidraças. Eu me sentia estranhamente feliz, e acentuava a unção que me feria as cordas sonoras. Com a melodia que espalhávamos - eu, Nássara, Alegria, Canuto, Clóvis e outros -, a minha impressão era a de que se tornava mais intensa a palpitação longínqua das estrelas.

O CRIADOR

Eu via os criadores de melodias. E tinha inveja deles, da precisão com que plasmavam, através do samba, todas as emoções e sonhos. Por que não faria eu o mesmo? Por que não teria, como eles, o poder divino de me exprimir pela música? De expandir a minha dor num canto? Até então, eu não pensara nunca em medir o meu poder criador. Seria apto para a criação? Mas era preciso ao menos tentar. Foi o que fiz. Motivos não faltavam, e sendo que variadíssimos. Motivos líricos ou irônicos, doces e pungentes. Uma noite, sentei-me a uma mesa para compor. Que emoção esquisita a minha! Mas a criação não era tão difícil assim. Fiz uma toada: "Festa no céu", que dediquei ao bairro onde nasci, ou seja, Vila Isabel. Concluída a composição, cantei-a para mim somente. Depois para os parentes e amigos. Todos gostaram. Havia emoção - disseram-me; havia originalidade. Fiquei alegre, sentindo um feliz alvoroço dentro de mim. Com a realização da primeira melodia, pareceu-me que o meu futuro se tornava mais claro, mais animador; e que eu não estava muito longe da popularidade, da fama e, em síntese, da glória. O que eu objetivava era ver a minha música difundida por toda a cidade, propagada pelas mais diferentes vozes, florescendo dos assovios anônimos, dos pianos do bairro, das vitrolas. Imaginava o meu prestígio quando as minhas produções obtivessem essa projeção. Eu entraria nas festas, e as meninas me apontariam: "Aquele é o Noel!". No bonde, alguém, do banco de trás, diria: "Olha o Noel!".

"Festa no céu" foi composta em 1930. No mesmo ano, fiz uma embolada: "Minha viola!". Aprendera a ter confiança em mim, no meu poder de estilização, nos meus recursos rítmicos. Já com duas composições, que os amigos mais chegados achavam ótimas, vibrantes, cheias de verdadeiro humor, eu passei a visar à gravação. A minha glória só seria definitiva depois que músicas minhas fossem perpetuadas em disco. Não tardou que eu realizasse esse meu desejo. Tanto "Festa no céu" como "Minha viola!" foram gravadas nesse mesmo ano.

SABOR DO ÊXITO

Mesmo depois de "Festa no céu" e "Minha viola!", eu não conhecia o sucesso, quer dizer, o sucesso legítimo, absorvente, rumoroso, sensacional. Eu tinha um objetivo, ou seja, o objetivo de conquistar, de golpe, com uma única melodia, o coração das ruas, a alma da cidade. Queria que os meus ritmos dominassem, que eletrizassem os músculos, que influíssem decisivamente no movimento das multidões. Mas para isso era imprescindível uma música ao sabor de todas as sensibilidades e cujo ritmo se integrasse, naturalmente, à construção física do carioca. Foi então que fiz "Eu vou para a Vila", sempre em homenagem ao meu bairro, o bairro de que não me separei e que é uma pequenina pátria minha, um pedaço da terra que sempre procuro exaltar. "Eu vou para a Vila" tinha um estribilho assim:

> *Não tenho medo de bamba,*
> *Na roda do samba*
> *Eu sou bacharel,*
> *Andando pela batucada*
> *Onde eu vi gente danada*
> *Foi lá em Vila Isabel.*

"Eu vou para a Vila" constituiu o meu primeiro grande êxito. Toda a cidade cantou a melodia; toda a cidade aprendeu-lhe o ritmo. Às vezes, eu vinha para casa, alta hora da noite. Nem viva alma. Só a emoção das estrelas no alto. De repente, lá, numa esquina qualquer, desembocava um vulto. Assoviava. Era "Eu vou para a Vila". Eu me sentia feliz. Tinha entrado no coração da cidade; compreendia a sensibilidade carioca; sabia comunicar-me com o povo. E esse meu destino de criador de ritmos parecia-me o destino ideal.

NO RÁDIO

O rádio começava a dominar. As meninas do bairro já não tinham como único e invariável assunto os galãs de cinema. Muitas já se esqueciam do Ramon Navarro, do John Gilbert e outros amantes da tela e falavam dos "ases" do rádio. Compenetrei-me de que era preciso entrar para o rádio. E não me foi difícil. Fiz minha estreia na Rádio Educadora, com o Bando de Tangarás. Era, enfim, um "astro" do microfone. As mocinhas bonitas, e mesmo as feias, ouviam-me e, quando me encontravam, cravavam em mim um olho curioso. Mais tarde, estive na Mayrink. E, por último, no *Programa Casé*, onde me demorei por um largo período.

EXCURSÃO E NOVAS COMPOSIÇÕES

Eu tinha de mim mesmo uma boa impressão. De qualquer modo, tornara-me conhecido. Recebia convites para ir a festas. Acumulara, com o correr do tempo, um número apreciável de fãs. Não me encontrava com um amigo sem que este me consultasse sobre a minha última produção. Um belo dia, recebo convite para uma excursão ao sul do Brasil. Deveria ir com Francisco Alves, Mário Reis, Nonô e Peri Cunha. Aceitei. Lá fomos nós, cantando, semeando melodias, e sempre aclamados. No ano passado, estive em excursão nas cidades de Vitória e Santos. A boa estrela da sorte acompanhava os meus passos. Assim é que, em todas as regiões percorridas, agradei sempre.

Depois de "Festa no céu" e "Minha viola!", iniciei uma fase de intensa atividade musical. Atividade, por assim dizer, ininterrupta. Era preciso desenvolver um trabalho que correspondesse à minha ânsia criadora. Mas o gênero para que me sentia inclinado era o samba. Só era verdadeiramente feliz compondo samba e exprimindo-me através do samba. Basta dizer que, em 160 produções, só realizei três foxes, três canções e três emboladas. Tudo o mais é samba.

O MAIOR SUCESSO

Mas o meu maior e definitivo sucesso foi obtido com "Com que roupa?", samba que impressionou bastante, como se verifica pela sua difusão, a sensibilidade do povo. "Com que roupa?" tem uma história interessante que vale a pena contar aqui, a título de curiosidade. Foi um caso que se passou comigo mesmo. Com sangue de boêmio, eu passei a chegar em casa, em determinada época, a altas horas da noite. Vinha de festas, ou de serenatas, ou de simples conversas. Mas o fato é que essa vida, passada toda em claro, devia prejudicar a minha saúde. Foi o que aconteceu. Comecei a emagrecer. E a emagrecer assustadoramente. Adquiri umas olheiras dramáticas. "Que é isso, Noel, paixão incubada?", perguntavam-me. Eu sorria. Mas quem mais se assustava era mamãe. Pressentiu, antes que ninguém, o meu estado. E, dia a dia, renovava as suas advertências, os seus apelos, para que não me demorasse na rua tanto tempo, para que dormisse mais, que eu acabava doente. Eu prometia que sim. Mas a minha vontade era nula. E chegava, fatalmente, às mesmas horas com as mesmas olheiras e aquele emagrecimento progressivo, que estava alarmando todo o mundo. Desesperada de conseguir a minha obediência pelos recursos da persuasão, minha mãe lembrou-se de um antigo recurso, mas cujo efeito é sempre eficaz. Assim é que escondeu todas as minhas roupas. Sem exceção. Fiquei desesperado. O pior é que, na véspera, mandara que alguns amigos me viessem buscar para irmos a uma festa. Os amigos não faltaram. À noite, batiam lá em casa: "Como é, Noel, vamos para o baile?". E eu, dentro do quarto: "Mas com que roupa?". Mal eu tinha acabado de soltar a frase, quando me ocorreu a inspiração de fazer um samba com esse tema. Daí o estribilho:

> *Com que roupa, eu vou*
> *Ao samba que você me convidou?*

Foi um barulho. Todo o mundo cantou. É assim que eu faço as minhas coisas. Com situações, episódios, emoções, aspectos colhidos na vida real.

Houve uma fase na minha vida em que vi abrirem-se os meus olhos, uma interrogação desconcertante. O samba bastaria para encher minha vida? Ou era preciso seguir uma carreira austera, fazendo melodias só nas horas vagas, como um simples e inconsequente recreio? Eu me havia bacharelado pelo Mosteiro de São Bento. Sabia alguma coisa. Entrei para a faculdade de medicina, no firme propósito de ser médico.

Mas não tardou que me convencesse de que a medicina era uma carreira absorvente. Estudos incessantes, profundos, que não poderiam ser jamais abandonados, que exigiam todas as atenções. Eu devia continuar com o samba, deixando a medicina? Ou devia renunciar ao samba? Era uma alternativa dramática. Outra questão se apresentou aos meus olhos: qual era o destino mais coerente com a minha natureza, com as minhas aptidões natas? O de criador de ritmos ou o de médico? Colocado na contingência de optar, uma vez que as duas atividades não podiam ser conciliadas, escolhi o samba.

OUTRAS MELODIAS

O disco *Com que roupa?* vendeu 15 mil exemplares, o que é uma tiragem bem considerável e raras vezes atingida. Do outro lado do mesmo disco, o público encontrou outra produção minha: "Malandro medroso". Tive, ainda, algumas melodias que se difundiram bastante, tais como "Mulata fuzarqueira", "Cordiais saudações", "Quem dá mais?", "Para esquecer", "Três apitos", "Até amanhã", "Você, por exemplo", "Dona Aracy", "Dona Emília". De parceria, reuni as seguintes composições: "Gosto mas não é muito", com Francisco Alves e Ismael Silva; "Não faz amor", com Agenor de Oliveira; "Vai haver barulho no chatô", com Valfrido Silva; "Para me livrar do mal", com Ismael Silva; "Fui louco", com Bide; "Triste cuíca", com Hervé Cordovil.

MEU SAMBA FAVORITO

É o samba "Pela décima vez", que compus este ano. É a melodia que fala mais à minha alma, que me sugestiona mais poderosamente a imaginação, que acorda em mim o desejo do sonho. Fiz "Pela décima vez" com verdadeiro carinho artístico, procurando fixar, malgrado a aparente leveza do tema, um verdadeiro drama do coração.

DO SAMBA RASGADO

Para falar francamente, sou do samba rasgado. Porque é o destino que perfuma os meus instantes de poesia, que constitui uma verdadeira fonte de beleza.

UM IRMÃO

É Hélio Rosa. A sua vocação não mais admite dúvidas. Especializou-se em violão. Faz verdadeiros prodígios com os dedos e conhece os efeitos mais sutis do instrumento. Quem o ouça terá de experimentar uma sensação de legítimo encantamento. Porque ele sabe arrancar do violão os efeitos mais belos, as nuances mais ligeiras, as gradações mais perfeitas. Pretendo lançá-lo ainda este ano.

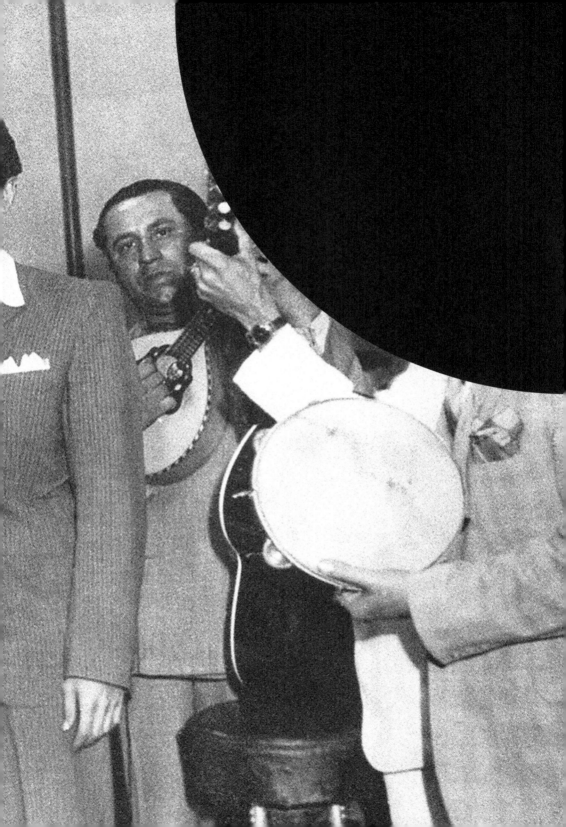

LUPERCE MIRANDA

Luperce Miranda, nome que se tornou popularíssimo quando o rádio apenas engatinhava, solista de bandolim e de cavaquinho, mas também sabendo o que fazer com um violino, um contrabaixo, uma raquete sonora (existe tal instrumento!), uma guitarra portuguesa, com um celo ou um piano, que toca de maneira singular, aos 53 anos volta ao Rio de Janeiro, terra que lhe deu fama e dinheiro, tentando a carreira musical, qual um calouro, um neófito no manejo das cordas do instrumento, procurando seu lugar ao sol. No entanto, Luperce Miranda é, sem favor, um dos grandes instrumentistas brasileiros de todos os tempos. Possuindo uma técnica extraordinária, uma execução limpa, uma velocidade na interpretação de certos chorinhos que faz inveja a muita gente, mais sensibilidade de verdadeiro artista, está hoje acompanhando os cantores nem sempre afinados do "papel-carbono", os calouros que vão, trêmulos, enfrentar o microfone pela primeira vez. Tudo porque, em 1945, acenaram-lhe do Recife com uma herança mais ou menos mirabolante, por morte de sua progenitora, deixando-se permanecer em sua terra natal, contratado por uma rádio local, cercado pelo carinho dos amigos e dos parentes, pela esposa e pelos numerosos filhos.

LUPERCE MIRANDA (ATRÁS, COM O BANDOLIM) DURANTE APRESENTAÇÃO NA RÁDIO MAYRINK VEIGA, RIO DE JANEIRO. FOTO DE ANTÔNIO ANDRADE (COLEÇÃO JOSÉ RAMOS TINHORÃO/IMS)

Luperce lembra os velhos tempos:

> Nasci numa casa da rua São Miguel, no bairro dos Afogados, no Recife. Desde menino ouvia música por todos os lados: meu pai tocava bandolim, violão e piano. Nossa família era uma verdadeira orquestra, cada um em seu instrumento. Alguns deles se tornaram famosos, quando, em 1927, vieram para o Rio, fazendo parte do conjunto Turunas da Mauriceia, assim chamado por sugestão do historiador Mário Melo, lembrando os tempos da dominação holandesa, quando o Recife se encontrava sob as ordens de Maurício de Nassau. Embora fundado por mim, só alguns meses depois de sua estreia no Rio me transferi para a capital. O conjunto era formado pelo cantor Augusto Calheiros, pelo cego Manuel de Lima, por João Frazão e pelos meus irmãos João (bandolim) e Romualdo (violão).

Almirante, que conhece todos os segredos da nossa música popular, escreveu uma página das mais saborosas sobre o conjunto, na qual diz:

> Dos cinco elementos, só um conhecia esta capital: o cego Manuel de Lima, que aqui estivera lá por 1909, 1910, tocando violão e gaita de boca, no antigo Café Mourisco, que existiu na esquina da avenida Rio Branco com a rua do Rosário. Deitava o violão sobre os joelhos e dele tirava sons, dedilhando tal como um piano. E, simultaneamente, soprava na gaitinha afixada a uma pequena estante.

Os Turunas da Mauriceia fizeram sua estreia na capital, no velho Teatro Lírico, numa festa memorável, patrocinada pelo *Correio da Manhã*. "Envergavam trajes sociais", continua Almirante, "com chapéus de grandes abas, nas quais apareciam pintados seus respectivos apelidos: Patativa do Norte, Riachão, Guajurema,

Periquito, Bronzeado". Trazendo um repertório original, ritmos inteiramente desconhecidos do carioca, o sucesso dos Turunas foi enorme, sendo que a embolada "Pinião" tornou-se o maior sucesso do Carnaval de 1928.

Animado com o êxito do conjunto, Luperce Miranda volta a Pernambuco e traz, em 1928, outro grupo, a Voz do Sertão, também fundado por ele, composto por Jaime Florence (violão), José Ferreira (cavaquinho), Robson Florence, Luperce (bandolim) e Minona Carneiro, o mais célebre cantador de emboladas que andou por este Brasil. Novo conjunto, novo sucesso. As exibições do Teatro Lírico, do Teatro Serrador e da Casa de Caboclo deram prestígio aos músicos, que se tornaram popularíssimos em toda a cidade. Mas a saudade falou mais forte. Um a um, os componentes dos grupos foram voltando para o Nordeste, saudades do Capibaribe, dos filhos e dos amigos. Ficaram apenas Augusto Calheiros, o grande cantor desaparecido há pouco tempo, e Luperce Miranda.

Contratado pela antiga Rádio Clube e pelos discos Odeon, Luperce organizou novo conjunto, com seu próprio nome, associando-se

LUPERCE MIRANDA (À ESQUERDA, COM O BANDOLIM), LUIZ BARBOSA (AO MICROFONE) E PIXINGUINHA (COM A FLAUTA) DURANTE APRESENTAÇÃO RADIOFÔNICA (COLEÇÃO JOSÉ RAMOS TINHORÃO/IMS)

ao violonista Artur Nascimento. Foi quando se tornou conhecido do Brasil inteiro. Seus solos de bandolim e de cavaquinho percorriam todas as vitrolas do país, num número sempre crescente de interpretações. Diz Luperce que é o solista instrumental que mais gravou em nosso país. Como acompanhador, está presente em inúmeras gravações de Francisco Alves, Mário Reis, Carmen Miranda, Vicente Celestino, Orlando Silva, Sílvio Caldas, Gastão Formenti, Patrício Teixeira e dezenas de outros. Com Carmen Miranda e Chico Alves, viajou para Buenos Aires, onde se exibiu com aplausos gerais. O maestro Carranza considerou Luperce o maior instrumentista do mundo em sua especialidade. Suas composições, como "Vaca maiada", gravada por Almirante, "Ai, Maria" e "Sou de Minas Gerais", por Minona Carneiro, "Taes com medo", gravação de Calheiros, "Helena", pelo mesmo cantor, e o já citado "Pinião", foram sucessos marcantes, ainda hoje lembrados pelo ouvinte ou discófilo da velha guarda. Em muitas das mais populares gravações, está presente o cavaquinho ou o bandolim de Luperce Miranda, por exemplo, em "Até amanhã", de Noel Rosa, gravado por João Petra; "Se você jurar", na interpretação da dupla Mário Reis-Francisco Alves; "Cabide de molambo", de João da Bahiana, cantado por Patrício Teixeira; "Tabuleiro da baiana", de Ary Barroso, gravado por Carmen Miranda e Luís Barbosa, e em muitos e muitos outros.

Como solista, Luperce Miranda gravou em quase todas as etiquetas brasileiras – Odeon, Victor, Parlophon, Columbia, Continental etc. Recentemente, já depois de sua volta ao Rio de Janeiro, gravou um *long-playing* para a Sinter, *Ritmos brasileiros*, com choros e valsas de sua autoria, uma joia da nossa música popular. Tem 500 músicas inéditas e mil projetos para o futuro, inclusive novos discos, incluindo um em que se apresentará, pela primeira vez, como pianista.

Pedimos a Luperce que nos desse sua opinião sobre alguns cantores brasileiros, ele que os conheceu de perto e tão bem. Com sua maneira simples de falar, foi dizendo:

Minona [Carneiro] era um excelente amigo e um talento extraordinário. É o maior cantor de emboladas, apesar de considerar Almirante também muito bom. Manezinho Araújo veio depois, já é uma cópia do Minona.

Sobre Francisco Alves:

Nunca tive queixas do Chico Alves, apesar da fama que tinha de "dar duro" nos músicos. Talvez a minha maneira de viver, meu temperamento calmo tenham impedido qualquer atrito com ele. Aliás, sempre me dei bem com os meus colegas, cantores e instrumentistas.

Quando falamos de Pixinguinha, os olhos de Luperce brilharam:

É um dos grandes músicos do Brasil. Ainda não vi flautista que, de longe, pudesse se comparar a ele. Quando ainda me encontrava no Recife, Pixinguinha me visitou - foi uma festa para todos nós.

Falando de cantores, Luperce repetiu o que é hoje um lugar-comum e uma verdade:

O maior é Sílvio Caldas. No naipe feminino, das veteranas, lembro-me de Araci Cortes e Carmen Miranda. Das modernas, Elizeth, Emilinha e Zezé Gonzaga, a meu ver, são as melhores que ouvi.

Luperce Miranda, que já comemorou o seu 30º ano de rádio e de música popular, é um veterano de coração jovem, um artista que sabe valorizar a música tão bela de seu país. Ouvindo Luperce, é o caso de dizer como Almirante, num velho samba: "Que bom eu ser brasileiro!".

INEZITA BARROSO

Inezita Barroso é um caso raro entre nós – cantora de grande sensibilidade, dona de uma voz maravilhosa, de belíssimo timbre e de grande volume –, é, ao mesmo tempo, uma artista consciente, sabe o que canta, procura nas fontes a inspiração e os motivos genuinamente populares. Mulher culta e estudiosa dos nossos ritmos e de nossas melodias, a cantora que São Paulo deu de presente ao Brasil conta hoje com uma verdadeira legião de admiradores, não só em seu estado natal como em qualquer recanto do país aonde chegue uma estação de rádio ou TV, onde quer que exista um fonógrafo. Ao contrário de muitas outras pseudoestrelas, Inezita, se hoje é um nome dos

INEZITA BARROSO
[COLEÇÃO
JOSÉ RAMOS
TINHORÃO/IMS]

mais famosos, deve somente ao seu trabalho e à sua arte a projeção que alcançou, pois a moça desconhecida de ontem jamais lançou mão de um desses recursos de publicidade que têm feito a glória efêmera de muita gente que surge no cenário da nossa música popular e desaparece com a rapidez dos meteoros.

Foi Evaldo Rui, o saudoso compositor, grande descobridor de talentos, que levou Inezita Barroso a enfrentar, pela primeira vez, o microfone de uma estação de rádio - a Bandeirantes, em 1950. Nervosismo, nenhum. Consciente de suas possibilidades, sabendo tirar de um violão os belos acompanhamentos que emolduram suas canções, Inezita parecia uma veterana; o microfone, que apavora tanta gente, parecia um velho conhecido.

No mesmo ano tomou parte no filme *Ângela*, realizou recitais no Teatro Brasileiro de Comédia (TBC), no Cultura Artística, no Teatro Colombo e em inúmeras residências de amigos. No Recife cantou pela primeira vez como profissional. Sua fama já se espalhava por todos os estados do Brasil.

Em 1952 apareceu em mais dois filmes - *Destino em apuros* e *O craque*. No ano seguinte, em *É proibido beijar* e *Mulher de verdade*, neste último como estrela.

Realizando uma das carreiras mais brilhantes e mais rápidas, Inezita, que nos três primeiros anos de exibições mostrara toda a sua arte, sua sensibilidade e sua bela voz, vê em 1954 a coroação de seu trabalho, o prêmio dos seus esforços em divulgar as mais belas páginas do nosso cancioneiro popular - recebe nesse ano o Prêmio Roquette-Pinto e o Prêmio Guarani, o primeiro como a melhor cantora de rádio de música popular brasileira, o segundo como a melhor do disco, na mesma categoria. Mais um filme vem se juntar aos anteriores - *Carnaval em lá menor*.

Gravando primeiro na RCA Victor e depois na Copacabana, Inezita Barroso passa para o disco um amplo repertório, músicas dos nossos melhores compositores, peças de origem folclórica, a todas emprestando o seu talento e a sua graça. São da primeira fase "O canto do mar", "Marvada pinga", "Soca pilão", "Iemanjá", "Pregão da ostra", "Taieiras", "Retiradas", "Benedito pretinho", "Dança de caboclo" e os sambas "Os estatutos da gafieira" e "Isto é papel, João?".

Em 1955 representa o Brasil no Festival de Cinema de Punta del Este, como atriz e cantora, recebe mais um Prêmio Roquette-Pinto, um Saci, como melhor atriz de cinema, e realiza uma série de gravações de divulgação do folclore brasileiro, ilustrando uma série de conferências de professores da Faculdade de Filosofia de São Paulo. Grandes personalidades em visita a nosso país travam conhecimento com a arte de Inezita – Jean-Louis Barrault, Marian Anderson, Vittorio Gassman, Roberto Inglês, que levam, entusiasmados, os seus discos para a Europa, onde são divulgados pelas principais estações de radiodifusão, em programas que despertam grande admiração.

Depois de percorrer as principais cidades do Uruguai e do Paraguai, como convidada oficial, volta ao Brasil. Grava os seus primeiros *long-playings*: *Canta Inezita*, *Coisas do meu Brasil*, *Lá vem o Brasil*. Sempre o Brasil.

A menina que aos sete anos, com um violão quase do mesmo tamanho que ela, cantava as ingênuas canções infantis é hoje um dos grandes nomes do nosso canto popular, uma artista que se projetou no estrangeiro, a mais premiada intérprete no nosso populário. Mas Inezita Barroso continua a mesma pessoa simples e sem máscara que a todos encanta, a mesma personalidade autêntica que o sucesso não desvirtuou.

Dos sete anos de idade, quando a família mandou que ela parasse com o canto e o violão, que prejudicavam os seus estudos primários, até depois da fase do piano, que estudou durante muitos anos, enquanto "seus dedos executavam Chopin e sua alma respondia aos ganzás, chocalhos, berimbaus, pandeiros, afoxés e aos violões, muitos violões" (Thalma de Oliveira), alguns anos passaram, muitos êxitos foram conseguidos. Seus dois

long-playings – *Vamos falar de Brasil* e *Inezita apresenta* – são duas autênticas maravilhas. No último, reúne composições de Babi de Oliveira, baiana de Salvador, Juracy Silveira, mineira de Guaxupé, Zica Bergami, paulista de Ibitinga, Leyde Olivé, outra mineira de Uberaba, e mais da sua conterrânea Edvina de Andrade, de São João da Boa Vista, que, para Inezita, o Brasil é um só. Tanto canta admiravelmente canções gaúchas como sambinhas cariocas dos repinicados, sabendo valorizar todas elas, procurando ajustar a sua voz aos diversos gêneros, adaptando a pronúncia das diversas regiões do Brasil, num esforço contínuo de alcançar cada vez maior autenticidade e emprestar maior caráter às diversas peças.

Contando atualmente com a colaboração do maestro Hervé Cordovil, sem dúvida um dos nossos melhores compositores populares, mas também um orquestrador dos mais competentes, as exibições de Inezita cada vez mais se aprimoram, a artista sempre procurando se ultrapassar.

Desprezando certos elogios fáceis que lhe não sobem à cabeça, negando-se a assinar fabulosos contratos, Inezita é capaz de largar tudo, tomar um jipe e enfrentar as condições menos favoráveis de uma viagem – a lama e a chuva, as estradas ainda rudimentares dos sertões da Bahia e de Minas Gerais – para colher motivos musicais ingênuos mas deliciosos que, trabalhados por ela, serão os grandes números do seu repertório de amanhã, farão o encantamento dos ouvintes do norte e do sul do país, porque Inezita Barroso é hoje a cantora do Brasil.

INEZITA BARROSO.
FOTO DE NAGIB
ALLIT (COLEÇÃO
JOSÉ RAMOS
TINHORÃO/IMS)

Oswaldo Gogliano, paulista do Brás, neto de italianos, é, há muitos anos, um dos grandes compositores populares do Brasil. Em samba é apenas Vadico, o mesmo que assina, com Noel Rosa, algumas das mais belas páginas musicais que já surgiram por esta terra – "Feitiço da Vila", "Feitio de oração" e "Só pode ser você", a última, talvez a mais bela, inexplicavelmente esquecida. Aliás, o encontro primeiro entre os dois gigantes da nossa música popular já foi cantado em prosa e verso, e o próprio Vadico ainda traz presente na memória aquele primeiro contato com Noel Rosa, nascimento de uma amizade que não terminou em um simples "muito prazer em conhecê-lo".

VADICO

> A primeira vez que encontrei Noel Rosa foi em 1932. Não posso lembrar agora o dia e o mês, mas me recordo que o nosso encontro se deu nos estúdios da Odeon, onde eu trabalhava numa gravação com o falecido Chico Alves. Num dos intervalos dos trabalhos, tendo Eduardo Souto a meu lado, toquei ao piano uma das minhas composições e com a qual o velho Souto ficara fascinado. Pouco depois de terminada a gravação, eis que surge o maestro acompanhado de Noel Rosa, que eu conhecia apenas de nome. Após as apresentações, Souto pediu-me que tocasse novamente o samba que tanto lhe agradara. Percebendo o entusiasmo de Noel pela minha composição, ali mesmo sugeriu que trabalhássemos juntos. Concordamos, eu e Noel, imediatamente. Dias depois, minha música recebia o título de "Feitio de oração", e seria gravada no mesmo mês pelos cantores Francisco Alves e Castro Barbosa. E com esse samba demos início à nossa parceria.

VADICO DURANTE APRESENTAÇÃO MUSICAL (ACERVO MUSEU DA IMAGEM E DO SOM DO RIO DE JANEIRO)

Vadico, que aos 18 anos era um simples datilógrafo, ganhando 100 mil-réis por mês, tinha no sangue o "micróbio do samba". Um dia mandou a máquina de escrever às favas, reuniu seus pertences de rapaz pobre e foi, pela primeira vez, tocar como profissional em um hotel de Poços de Caldas. "Eu me sentia como se tivesse descoberto a América! Larguei o tal emprego e virei profissional, profissional ruim, tocando mal, quase de ouvido."

Mas a América de verdade ele só descobriu 20 anos depois, quando já era um compositor célebre, quando já aperfeiçoara a sua técnica e adquirira bons conhecimentos musicais. Foi em 1939. Depois de uma temporada em Nova York com a orquestra de Romeu Silva, todos os músicos voltaram ao Brasil. "Todo mundo, menos eu." Permaneceu oito anos na Califórnia, mudando-se depois para Nova York, sempre trabalhando e estudando. "Na música e na vida a gente não para de aprender." Exibiu-se com Carmen Miranda, com inúmeras orquestras, sempre compondo e já orquestrando muito bem. Em 1949, foi "descoberto" pela famosa bailarina negra Katherine Dunham, com quem percorreu França, Bélgica, Suíça e Itália, voltando aos Estados Unidos para dirigir os *shows* da grande especialista nos ritmos negros. Com ela veio ao Rio e a São Paulo, depois de percorrer a América do Sul. Deixando a companhia em Kingston, voltou ao Brasil em 1954. Era o mesmo grande compositor inspirado, mas era, também, um músico, no sentido amplo da palavra, dominando a técnica, sabendo como poucos fazer uma orquestração ou realizar um arranjo.

E agora Vadico está presente em última edição, melhor que nunca, sempre o mesmo músico consciencioso, profissional perfeito. Vadico não, o maestro Vadico. Depois de alguns anos entre nós, sua bagagem musical tem se enriquecido enormemente em número e qualidade. Eis algumas das suas músicas gravadas recentemente: "Prece" (Helena de Lima, Elizeth Cardoso, Lana Bittencourt, Sílvio Caldas e outros), "Antigamente" (Maria Helena Raposo e Helena de Lima), "Noel Rosa" (Leny Eversong), "Passageira desconhecida" (Agnaldo Rayol), "Distância" (Roberto Audi), "Espera" e "Dói muito mais a dor" (Agostinho dos Santos), "Guanabara" (Aurora Miranda) e "A verdade dói" (Aracy de Almeida). De todas, excetuando-se a última, é Vadico o autor da música – ele raramente escreve letras, mas sabe escolher a palavra exata que deve ser musicada. Como soube descobrir em Noel Rosa o parceiro perfeito, ele tem escolhido como letristas nomes como Marino Pinto, Jarbas Melo, David Nasser, Herberto Sales, Edson Borges e Aloísio de Oliveira. Mas seus choros instrumentais não devem ser esquecidos: "Vai, Astor", gravado pelos Copacabana; "Dry Copacabana", por Leo Peracchi e sua orquestra; e "Duvidoso", que ele próprio gravou com seu conjunto orquestral. Lançou ainda Vadico um samba antigo e inédito, feito com o seu grande parceiro da Vila Isabel – "Mais um samba popular", revelando uma nova e promissora intérprete, Ana Cristina.

À frente de um pequeno conjunto, formado por clarineta, sax alto, tenor, barítono, pistão, trombone, guitarra, piano, contrabaixo, bateria e instrumentos de percussão, realizou o maestro Vadico um *long-playing* dos melhores da nossa música popular: *Faceira*. Reunindo peças de consagrados compositores, como Ary Barroso, Billy Blanco, Assis Valente, Ataulfo Alves, Antônio Carlos Jobim, Vinicius de Moraes, Newton Teixeira, Arnô Carnegal, Caymmi, Antônio Maria, Ismael Neto, Lupicínio Rodrigues, Felisberto Martins, Zequinha Reis, A. Martins, Fernando Lobo, Helinho, Herivelto Martins, Pixinguinha e Benedito Lacerda, a todas soube ele "vestir" com o seu talento de orquestrador e sua sensibilidade de artista. E não falta Vadico nessa nova gravação – está lá o chorinho delicioso que ele dedicou a seu colega trombonista: "Vai, Astor". Esse disco se deve a uma louvável iniciativa de Irineu Garcia, diretor da etiqueta Festa.

Como sua terra natal, Vadico não pode parar. E vai distribuindo generosamente o seu trabalho e a sua inspiração.

LINA PESCE

O Brasil precisa conhecer melhor a obra musical de um de seus maiores, mais admiráveis compositores – a paulista Lina Pesce. Seu talento criador e seus dotes excepcionais de intérprete fazem dela, sem nenhum favor, uma das culminâncias da nossa música popular. Sem ter estudado e mesmo sem conhecer conscientemente as obras de um Anacleto de Medeiros ou Ernesto Nazareth, de um Eduardo Souto ou Pixinguinha, é ela a autêntica continuadora desses gigantes do populário brasileiro.

A jovem compositora, um encanto de simplicidade, de uma inteligência e uma vivacidade extraordinárias, facilita sobremodo a tarefa do repórter: "Eu gosto de falar, sou assim o dia inteiro", diz ela, com um sorriso encantador.

Filha do maestro italiano Giacomo Pesce, nasceu Lina num meio em que só se falava de bemóis e oitavas, cercada pelos músicos da sinfônica que o pai dirigia. "Nasci num dia 26 de janeiro, às 2h30, na capital do estado de São Paulo. O dia estava lindo (soube depois); por isso, talvez, ache a vida maravilhosa."

A música, podemos dizer, estava na massa de seu sangue – aos quatro anos já cantarolava coisas suas, coisas de criança, é claro, mas de criança predestinada, de criança que seria, poucos anos depois, uma compositora notável. Ouvia a mãe tocar piano e cantar com bonita voz. A menina a tudo observava. Sentava-se, por sua vez, no velho piano de meia cauda, repetia nota por nota o que acabava de ouvir. Foi quando o pai, verificando o extraordinário interesse que a música despertava em Lina, começou a ministrar-lhe os primeiros rudimentos de teoria. Mas a menina não se entusiasmou com as lições, achava os exercícios cacetes, as escalas intermináveis. Gostava era de tocar, de fazer a "sua" música, livre daquele suplício para o qual o seu temperamento irrequieto não mostrava inclinação. Frequentando as aulas do Externato São José, na rua da Glória, onde morava, seu tempo era pouco para os estudos escolares e para sua verdadeira paixão – compor.

Com nove anos, tem a sua primeira música impressa – um tango brasileiro, "Quantas vezes", com harmonização elementar, certamente, mas revelando um temperamento singular. Quando sentiu que era compositora, procurou aprofundar os estudos, organizando um método disciplinar que produzisse os efeitos desejados.

O aparecimento de Alexander Brailowsky na capital paulistana deixou a adolescente de 13 anos completamente no ar. Aquilo sim era música! Comprou todos os discos que pôde e passou a estudar e a escutar, cada vez mais comovida, o grande intérprete de Chopin. Estava decidido, seria, ela também, uma concertista, impondo sua arte às grandes plateias cultas de todo o mundo! Apesar das aulas desordenadas, já sabia escrever música, conhecia solfejo (sem harmonia) e teoria musical. O maestro Giacomo Pesce, incansável sempre, único professor que até aquele momento ela tivera, previa para a filha dias dos mais felizes e gloriosos.

No entanto, aos 15 anos, aconteceu o noivado, e era uma vez uma concertista... Casando-se com Vicente Vitale, a menina-moça passou a se dedicar unicamente à composição. Vindo para o Rio de Janeiro, aprofundou os estudos feitos em São Paulo, procurou um novo professor, o grande mestre Tomás Teran, de fama mundial, e que ainda vive em nosso meio, na Glória.

Já era conhecida como autora de mais de 100 composições, algumas já famosas, como o tango "A vingança de Cupido" e a valsa "E foi assim que começou o nosso amor".

De Lina Pesce, a música que maior sucesso alcançou foi, sem dúvida, "Bem-te-vi atrevido". A mundialmente famosa organista norte-americana Ethel Smith, quando fazia uma temporada entre nós, no Cassino Copacabana, ouviu-a e se encantou por ela. Depois de gravá-la, apareceu em um filme da Metro - *Dupla ilusão* - executando a bela composição de nossa patrícia. Daí em diante, a música correu mundo, foi gravada de várias maneiras, cerca de 40 vezes, pelos mais conhecidos intérpretes. Até em solo de harpa o "Bem-te-vi" tem viajado pelas cinco partes do mundo.

Sendo esposa do maior editor musical do Brasil, que é, ao mesmo tempo, diretor de uma das nossas gravadoras de maior prestígio, seria interessante saber o que pensa a compositora do seu editor musical. "Não quero desgostar o meu marido em nada. Não posso nem tenho interesse em impor minha música. Se hoje sou conhecida, devo isso à qualidade dela. Nunca música de minha autoria foi 'trabalhada'. O que Vitale fez para muitos compositores nunca fez para mim, justamente por ser meu marido."

"Considera-se inteiramente realizada como compositora?"

"Na música popular, sim. Creio que alcancei o que um compositor almeja. Claro que não pretendo parar, vou para cima. Quero apenas que minha música feita até hoje seja conhecida. Minhas composições recentemente gravadas são, muitas vezes, de dez anos atrás. Tenho confiança em mim, pretendo fazer coisa mais séria..."

Respondendo a uma pergunta indiscreta, Lina Pesce diz com vivacidade: "O 'Bem-te-vi rendeu bastante. Apesar de ser casada com o editor, dou a ele a porcentagem de praxe."

Seu *long-playing Inspiração*, recentemente lançado, foi recebido entusiasticamente por toda a crítica especializada. "Não esperava, embora tivesse confiança no meu trabalho, que a imprensa recebesse tão bem essa primeira reunião de minhas músicas. Creio que, unanimemente, teceram os maiores elogios ao disco. Não podia esperar mais, e sinto-me feliz por isso. Os diversos números foram orquestrados por diversos maestros, dando oportunidade a vários instrumentos solistas, principalmente ao violino excelente de Irany Pinto, que toca com muita expressão, sentindo a minha música."

Aliás, foi o próprio instrumentista que, entusiasmado com a música de Lina Pesce, exigiu que o disco fosse inteiramente consagrado a ela. Em princípio ia gravar apenas algumas de suas composições. Quando conheceu a melhor obra musical da autora de "Sabiá feiticeiro", entusiasmou-se e realizou uma das mais belas gravações até hoje aparecidas em nosso meio.

"Que intérprete cantor escolheria para suas músicas?"

"Cada artista interpreta de uma forma, desde que seja realmente artista. Gosto de Elizeth Cardoso, principalmente. Morgana, entretanto, cantou admiravelmente o "Era uma vez". Talvez não cante outra música com a mesma felicidade. Tudo depende de a peça coincidir com o temperamento e as possibilidades do intérprete. Temos grandes cantores, de ambos os sexos. Há certo cantor, por exemplo, excelente, mas muitas vezes canta músicas que não são para sua voz. O pianista tem um teclado imenso, o cantor não pode sair de sua tessitura..."

Depois, Lina Pesce senta-se ao piano, e um desfile magnífico de composições vem comover e encantar os seus três ouvintes do momento. Desde as primeiras composições, ainda tímidas ou imperfeitas, até os excelentes chorinhos "Corruíra saltitante", "Elegante", "Saudoso", "Tangará na dança" e inúmeros outros; e as valsas "Prelúdio ao sonho", "Doce recordação" e "Encantamento", esta de rara beleza e inspiração, talvez a obra-prima da autora.

Mas o que nos surpreende é a execução admirável de Lina Pesce. Para quem acreditava que o piano fosse apenas um meio do qual se servia a compositora, suas notáveis qualidades pianísticas constituem uma técnica impecável, de um gosto requintado. Lina Pesce, como executante, vem se nivelar à criadora, sendo a melhor intérprete de sua música. Espanta que ainda não tenha gravado discos e mais discos.

Vicente Vitale, homem de gestos suaves e falar manso, sorri ante nossa surpresa. Ele, que tem gravado para tantos artistas menos dotados que sua esposa, sente certo pudor quando se trata de Lina Pesce. Certamente, reconhece todo o valor da artista, mas teme que seja mal interpretado o lançamento da pianista Lina Pesce em discos da fábrica da qual é diretor. Ou, então, não será o egoísmo de ter uma fabulosa artista tocando com exclusividade para ele, naquele belo apartamento do 22º andar, de onde se descortina tão maravilhosa paisagem, onde reina a compreensão e onde mora o amor?

De qualquer forma, *Lina Pesce toca Lina Pesce* é um *long-playing* que se impõe. Não temos tantos valores assim para que possamos nos dar ao luxo de manter escondida uma artista da grandeza e da qualidade da autora de "Onde estará meu amor?". O Brasil precisa conhecer melhor a continuadora de Anacleto e de Nazareth, a moça paulista que só não é mais famosa porque, incrível que pareça, é a esposa do maior editor musical do nosso país.

P.S. - Quando revíamos as provas finais deste livro, a Columbia lançou o microssulco *Lina Pesce interpreta Lina Pesce*, em que a compositora e pianista interpreta músicas de sua autoria, acompanhada por grande orquestra dirigida por Lyrio Panicali. Nem tudo está perdido, felizmente.

ALBERTO RIBEIRO

O primeiro dos grandes letristas da música popular brasileira, cronologicamente, foi sem dúvida Catulo da Paixão Cearense, não o poeta medíocre e artificial da "Mata iluminada" e do "Sertão em flor", mas o autor das letras de modinhas seresteiras que ele compunha quase sempre para serem musicadas por outros. Embora fosse ele próprio um compositor, alguns de seus maiores sucessos, suas músicas mais famosas, são feitos de parceria, por exemplo "Ontem, ao luar" (música de Pedro de Alcântara), "Rasga o coração" (música de Anacleto de Medeiros), "Talento e formosura" (música de Edmundo Otávio Ferreira), "O meu ideal" (música de Irineu de Almeida) e o discutido "Luar do sertão", música de João Pernambuco, como ficou suficientemente provado por Almirante. As letras de Catulo, que hoje nos parecem algo ridículas, com preciosismos vocabulares que ninguém mais emprega, representam bem o espírito da época em que foram feitas, quando os violões, nas noites de luar, acompanhavam o cantor de vozeirão que entoava, merencório, o "Vai, ó meu amor, ao campo-santo".

O segundo grande letrista foi o carioca José Barbosa da Silva, o grande sambista que se imortalizou com o pseudônimo Sinhô. Compondo ele próprio a música e a letra do seu repertório, tudo nele respira o pernosticismo que dominava certa parte da população do Rio de Janeiro da segunda e terceira décadas do século.

ALBERTO RIBEIRO
(ACERVO MUSEU
DA IMAGEM E
DO SOM DO
RIO DE JANEIRO)

Capaz de imagens à primeira vista estapafúrdias, guardava, entretanto, um extraordinário sabor popular em tudo que saía do seu "coco de respeito". Música sua era cantada, seus versos, decorados. Dele é a célebre frase "música é como passarinho, é de quem pegar". Mas não precisava disso quem fez um "Jura" ou um "A favela vem abaixo".

Passemos ao terceiro da lista, talvez o mais conhecido, pois mais recente – Noel Rosa, outro sambista de gênio, capaz de fazer letra e música de seus sambas, embora, muitas vezes, apenas fornecesse suas grandes letras para melodias alheias. Irônico ou sentimental, sua personalidade é tão marcante que quase sempre ofusca o nome de seus parceiros, muitos deles de real talento, como é o caso de Vadico. A maioria das músicas de Noel Rosa, com ou sem parceiros, fez sucesso depois de sua morte, daí o ridículo de certas afirmações fazendo constar que Noel "escondia os seus parceiros". Nada mais falso.

Orestes Barbosa, exclusivamente letrista, é o quarto da lista. Enumerar os seus sucessos seria supérfluo, pois "Chão de estrelas", "Serenata", "Torturante ironia", "Arranha-céu", "A mulher que ficou na taça" etc. são cantadas com sucesso crescente e gravadas constantemente por diversos intérpretes. Poeta de verdadeira inspiração popular, com Orestes dá-se fenômeno idêntico ao de Noel Rosa. Seu nome festejado de escritor e jornalista quase sempre obscurece o de seus parceiros, muito embora os dois autores das músicas que citamos tenham sido Sílvio Caldas e Francisco Alves...

Aos quatro principais letristas apontados, poetas populares que se dedicaram quase exclusivamente à música popular, pois não tomamos em consideração outros que esporadicamente faziam poesias para serem musicadas, como é o caso de um Hermes Fontes ou um Adelmar Tavares, junta-se, agora, o nome de outro, um veterano compositor e letrista chamado Alberto Ribeiro.

Alberto Ribeiro da Vinha é, em música popular, Alberto Ribeiro; em medicina, Alberto da Vinha, homeopata. Nasceu na rua

Maia Lacerda, no Estácio, há mais de meio século. "O Estácio não era ainda o 'berço do samba', eu sou mais velho do que o samba", diz o compositor.

De sua residência, a chamada Chácara do Céu, ouvia, ainda menino, o "Zé Pereira", e depois as batucadas que desciam do morro de São Carlos. Mais tarde, ouvindo pela primeira vez as composições de Nazareth, de Anacleto de Medeiros e de outros grandes da época, resolveu estudar piano, tal o fascínio que sobre ele exerciam. Sem se tornar um grande pianista, ainda hoje é capaz de se acompanhar nesse instrumento, bem como ao violão ou cavaquinho, mas "para uso próprio", como costuma dizer.

Alberto Ribeiro foi soldado, em 1924, servindo sob as ordens do general Mendes de Morais. Sua primeira música fora feita um ano antes, em parceria com Antônio Vertulo, um samba - "Água de coco", que não chegou a ser gravado. "Naquele tempo", diz o compositor,

> as músicas eram lançadas, principalmente, por conjuntos orquestrais que faziam a propaganda delas, para depois serem editadas em parte de piano. A nossa foi publicada no mesmo ano pela Casa Faria & Cia., da rua Sete de Setembro, uma das grandes editoras musicais daqueles bons tempos.

Em fins de 1929, organizou um conjunto musical, o Grupo dos Enfezados, composto por Nélson Cavaquinho, Sátiro de Melo (violão) e Mesquita (violino). Alberto era o cantor, chegando a gravar dois discos na Odeon, por iniciativa do maestro Eduardo Souto, diretor artístico da gravadora. Em 1931, formando-se em medicina, "dá vez" ao dr. Alberto da Vinha. Desse ano em diante, divide suas atividades entre o consultório, sempre cheio de clientes, os sambas e as marchinhas, e o sítio que possui em Areal e para onde vai aos sábados, religiosamente.

Em 1934, faz, de parceria com Nássara, que então aparecia, um dos grandes sucessos do Carnaval daquele ano, a marchinha "Tipo 7"; mas foi no ano seguinte que se encontrou pela primeira vez com Braguinha, o João de Barro, grande e veterano compositor, com ele constituindo uma dupla das mais fortes da nossa música popular. Foi o editor Mangioni que aproximou os dois, para que fizessem juntos as músicas do filme *Alô, alô, Brasil*, de Wallace Downey. Feitas as apresentações, entraram os dois no Café Papagaio, da rua do Ouvidor, e, na mesma hora, fizeram o "Deixa a lua sossegada", que Almirante cantou no filme e que tanto sucesso fez. Foi o início feliz para as atividades da dupla. Dircinha Batista, menina de 12 anos, cantou no mesmo filme mais duas marchinhas de João de Barro e Alberto Ribeiro - "Pirata" e "Menina internacional". Sendo um dos primeiros filmes falados nacionais e contando com música realmente bem escolhida e ainda com os maiores artistas do rádio e do disco, a fita fez um sucesso extraordinário, só repetido um ano depois pelo *Alô, alô, Carnaval*, do mesmo produtor, e mais ou menos com o mesmo elenco.

Da dupla poderíamos citar uma infinidade de peças, todas elas alcançando sucesso popular dos maiores, como "Pirulito", "China pau", "Yes, nós temos bananas", "Quebra tudo", "Tem gato na tuba", "Minha terra tem palmeiras", "Cadê Mimi", "Chiquita Bacana", "Pepita de Guadalajara" e "Touradas de Madri", sendo esta última a música que maior consagração popular obteve no Brasil, quando dezenas de milhares de pessoas, no estádio do Maracanã, a entoaram durante o jogo Brasil × Espanha, por ocasião do campeonato mundial, quando o selecionado nacional abateu fragorosamente o adversário que vinha precedido de grande fama.

Embora sendo Alberto Ribeiro um compositor popular completo, capaz de fazer letra e música, raramente encontramos composições assinadas por ele, como "Cachorro vira-lata" e "O balão vai subindo", ambas criações de Carmen Miranda, ou "O meu sonho de criança", que Chico Alves gravou com tanto sucesso. "Raramente faço música sozinho, tenho horror ao trabalho de lançamento", explica o compositor. "Tenho 300 músicas gravadas e mais de 100 inéditas; não vou sair pela rua oferecendo minha mercadoria aos cantores", acrescenta ele.

Mas por que, sendo um compositor veterano, autor de tantos sucessos, escrevemos acima que aos quatro principais letristas da nossa música popular poderíamos juntar "agora" o nome de Alberto Ribeiro? Porque só recentemente lançou ele um grupo de composições reunidas em um disco *long-playing*, intitulado *Aviso aos navegantes*, no qual se revela, além de excelente músico, um extraordinário letrista, ultrapassando tudo o que anteriormente fizera, fazendo a crônica de certos tipos, usos e aspectos da cidade, preocupado com problemas sociais e evidenciando o seu pouco comum sentido de observação aliado a uma ternura imensa pelos desprotegidos da sorte. Realizando seus versos e sua música dentro do ritmo popular autenticamente brasileiro, não faz pieguismos e não exagera.

> Sou pessoa que observa muito a vida, minha profissão de médico permite isso. Sou uma espécie de crivo – retenho na memória muitas experiências amargas ou tristes. Os exemplos de casos dolorosos se multiplicam por toda parte. Pensei em transformá-los em música popular, forma direta de colaborar para melhoria geral das coisas. Meus sambas não têm caráter político, apenas fixo os problemas como eles são, faço crônica no samba.

O disco *Aviso aos navegantes* reúne 16 músicas, 16 letras, 16 casos, 16 situações. Cantado pelo próprio autor, não sabemos qual dos números é o mais admirável, pois todos satisfazem amplamente, todos comovem – "Mestre Vicente", "Agapito", "Macário", "Seu Cosme", "Brederodes", "Camundongo", "Peixe caro", "Bateram no boi", "Cidadão Glicério", "Latifúndio", "Expedito", "Isidro", "Terra de doutores", "Estradeiros", "Gregório", "Plantador de banana" são tipos ou situações ao vivo, fragmentos da vida, gente de carne e osso, dessa que encontramos diariamente pelos nossos caminhos. Mas Alberto Ribeiro não dramatiza. Pega-os como são, com as suas fraquezas e os seus ridículos, como verdadeiro fixador de fotografias.

> Não passo minha vida em branco, tenho horror a subterfúgios, procuro definir a minha época. O problema dos outros é de todos nós, tem que impressionar a todos. Os problemas que exponho em meus sambas servem para o Rio ou para o Pará, são problemas gerais, embora tenha usado a expressão carioca, que é o samba, para externá-los. [...] Creio que antes de mim o gênero nunca foi tentado. Havia músicas com sátiras políticas, como o "Ai, seu Mé", e Noel fez coisa próxima ao que eu fiz, mas sem apanhar o sentido geral que penso ter captado.

Alberto Ribeiro canta com graça, com ritmo e propriedade os seus sambas. Sem ser o que se convencionou chamar um grande cantor, agrada muito mais do que certos medalhões que vivem a importunar nossos ouvidos com suas desafinações e com seus repertórios lastimáveis.

> Não sou cantor. Por sugestão de João de Barro, gravei os diversos números de *Aviso aos navegantes*. Ele achou que outros cantariam melhor do que eu, mas que ninguém diria os meus versos melhor. Gravei em duas horas e meia os 16 números.

Alberto Ribeiro é um homem de grande simpatia, calmo e discreto. Fala pouco e não gosta de dar entrevistas. Foi difícil para o repórter, apesar de velho conhecido e admirador do autor de tantos sucessos populares, arrancar dele certas declarações que figuram nestas páginas. Eis algumas frases que colhemos durante a longa conversa que mantivemos com ele:

> Gosto de sossego, dos amigos, do meu violão, do meu cavaquinho e muito de homeopatia.
>
> Detesto a publicidade exagerada – esta é a primeira entrevista que concedo depois de tantos anos de compositor.
>
> Maledicência é coisa que muito me desagrada.
>
> Fui parodista no tempo da ditadura (sempre tive horror a ditaduras). Fazia paródias como válvula de escapamento, como forma de reagir.
>
> Sobre sociedade de autores prefiro silenciar. Meu sonho dourado é ver uma só reunindo todos os autores, sem ódios, fazendo da arte o seu fim.
>
> O compositor está sempre começando. Tenho 34 anos de autor e nunca consegui duas gravações da mesma música simultaneamente. Hoje, novatos conseguem 20 gravações de saída...
>
> Sou contra a comercialização da música popular. Antes de gravar uma composição minha, submeto-me à aprovação dos amigos.

Eis um pouco do artista e do homem que se chama Alberto Ribeiro.

A VOLTA DE MÁRIO REIS

O grande acontecimento artístico de 1960 no setor da música popular foi, sem dúvida, a volta ao disco do extraordinário intérprete do samba carioca que se chama Mário Reis.

Aparecendo em 1928, quando contava menos de 20 anos de idade, Mário, que foi levado aos estúdios de gravação pela mão de José Barbosa da Silva, o grande Sinhô, logo revolucionou completamente a maneira de cantar o nosso ritmo mais belo e mais difundido – o samba. Todo sobriedade, sabendo "dizer" as palavras das letras ingênuas e maliciosas que faziam para ele, Mário da Silveira Reis veio de uma vez por todas acabar com os barítonos e tenores que enfeavam e deturpavam o ritmo brasileiro e único do samba. Embora muito jovem, quase um menino, foi ele que passou a influenciar os cantores mais velhos e de nome feito. Pode-se dizer, sem exagero, que todos os cantores, a partir de Mário Reis, sofreram, direta ou indiretamente, a sua influência. Trataram de aperfeiçoar sua maneira de dizer os versos, passaram a cantar dentro do ritmo e das características do samba. O próprio Chico Alves, que dois anos depois faria dupla com ele, melhorou sensivelmente a sua maneira de cantar, aproveitando a belíssima voz, voz muito diferente daquela dos últimos anos.

E como voltou Mário Reis? Melhor que nunca, com a voz mais cheia, com sensibilidade mais apurada, absoluta na interpretação do velho Sinhô, excelente nos sambas de Ary Barroso e Lamartine Babo, de Noel Rosa e Nonô. E Mário vem com três sambas inéditos – "Palavra doce", de Mário Travassos de Araújo, a meu ver o ponto alto em um disco cheio de pontos altos; "Isto

MÁRIO REIS NO COPACABANA PALACE, RIO DE JANEIRO, 16.09.1971. FOTO DE ANTÔNIO ANDRADE (COLEÇÃO JOSÉ RAMOS TINHORÃO/IMS)

eu não faço, não", de Antônio Carlos Jobim; e "Grande amor", do mesmo talentoso compositor, com versos de Vinicius de Moraes, a dupla que me orgulho de ter inventado e que é hoje a mais gravada do Brasil.

Emoldurando os diversos números, as orquestrações de Lindolfo Gaya estão perfeitas, quer quando conservam o tipo de arranjo tradicional, quer quando, mais de acordo com seu temperamento, apresentam modernas harmonizações, sempre mantendo o bom gosto e sem cair em exotismos pouco recomendáveis.

Voltando à Odeon, fábrica que o lançou, Mário Reis está presente, em 1960, com um disco realmente extraordinário, pela sua qualidade, pela sua inspiração nitidamente brasileira, e por trazer de volta o canto ímpar, o estilista e fixador da interpretação adequada do samba carioca, maravilha que, queiram ou não, continua a manter o seu prestígio de grande música popular.

AS FAIXAS

São as seguintes as faixas do LP *Mário Reis em hi-fi*: 1) "Palavra doce", samba de Mário Travassos de Araújo, escrito em 1936. Mário Reis cantou duas ou três vezes na antiga Rádio Mayrink Veiga, com o autor acompanhando-o ao piano. O cantor prometera gravar o samba, mas logo depois, por motivos particulares, abandonava suas atividades radiofônicas. Mário Travassos faleceu dois anos após, em 1938, e o samba só agora é gravado, 24 anos depois, cumprindo-se, assim, a promessa do cantor. 2) "Vamos deixar de intimidade", samba de Ary Barroso, gravado em 1930 por Mário Reis com a Orquestra Pan American. Disco Odeon 10414. É uma das mais belas peças do notável compositor em sua primeira fase. 3) "O que vale a nota sem o carinho da mulher", samba de Sinhô, consta do primeiro disco gravado por Mário Reis, em 1928. Os acompanhamentos são feitos por dois violões (Sinhô e Donga). Disco Odeon 10224. Posteriormente, o samba foi gravado por Vicente Celestino, na mesma etiqueta, e

Francisco Alves (Chico Viola) em Parlophon. 4) "Iaiá boneca", marcha de Ary Barroso, gravada por Mário Reis com Kolman e sua Orquestra do Cassino da Urca, em 1939. Disco Columbia 55189. 5) "Mulato bamba", samba de Noel Rosa, gravado em disco Odeon 10928, por Mário Reis com a Orquestra Copacabana. É dos menos conhecidos e, no entanto, dos mais belos sambas de Noel Rosa. 6) "Rasguei a minha fantasia". O autor, insuperável no gênero, fez o número para o Carnaval de 1935. Primitiva gravação: Victor 33887, cantada por Mário Reis com os Diabos do Céu. 7) "Isto eu não faço, não", samba de Antônio Carlos Jobim, feito em junho deste ano [1960], na residência do compositor, às quatro horas da madrugada, com a presença de Mário Reis. Inédito em disco. 8) "Deus nos livre do castigo das mulheres", samba de Sinhô, gravado em 1929 por Mário Reis com dois violões (Sinhô e Rogério Guimarães). Disco Odeon 10257. 9) "Linda Mimi", marcha de João de Barro, gravada por Mário Reis em disco Victor, com acompanhamentos dos Diabos do Céu. Numeração: 33957. Ano: 1935. 10) "A tua vida é um segredo", samba de Lamartine Babo e uma das melhores criações de Mário Reis, que o gravou pela primeira vez em disco Victor 33614, com acompanhamentos do Grupo da Guarda Velha, dirigido por Pixinguinha, Donga e João da Bahiana. Data: 1933. 11) "Vai-te embora", samba de Romualdo Peixoto (Nonô) e Francisco de Queiroz Matoso. Criação de Mário Reis em disco Odeon 11307. Carnaval de 1936. 12) "Grande amor", samba, inédito, da dupla Antônio Carlos Jobim-Vinicius de Moraes.

Em *Mário Reis em hi-fi*, Mário Reis canta com acompanhamentos da Orquestra de Oswaldo Borba, que soube executar fielmente os magníficos arranjos de Lindolfo Gaya.

DISCOTECA MÍNIMA DA MÚSICA POPULAR BRASILEIRA

NOTA DOS EDITORES

A pioneira e fundamental discografia compilada por Lúcio Rangel foi aqui mantida na íntegra, com comentários e indicações originais do autor. As datas foram atualizadas e, ao fim de cada entrada, em destaque, são indicadas outras gravações significativas em CD ou disponibilizadas em sites, a partir de pesquisa e seleção realizadas por Fernando Krieger, curador do Acervo José Ramos Tinhorão do Instituto Moreira Salles.

Uma discoteca mínima de música popular brasileira, em discos de longa duração, poderia ser dividida em duas partes: A – Autores; B – Intérpretes.

A – AUTORES

1 – CATULO DA PAIXÃO CEARENSE (1863-1946), compositor de méritos, foi o primeiro grande letrista da música popular brasileira. Escreveu versos para as

RIO DE JANEIRO,
1955 [ACERVO
PIXINGUINHA/IMS]

músicas de alguns dos maiores autores de modinhas, canções e choros dos fins do século passado: Anacleto de Medeiros, Edmundo Otávio Ferreira, Irineu de Almeida, Pedro de Alcântara, Ernesto Nazareth, Luís de Sousa, Alfredo Dutra, Albertino Pimentel, o Carramona, José Kallut, Mário Álvares, Viriato Figueira da Silva e Antônio da Silva Calado. Grande parte da obra de Catulo e seus parceiros está gravada nos seguintes discos:

Catulo - Intérprete: tenor Vicente Celestino (RCA Victor 3000), com as seguintes faixas: "Rasga o coração", "Talento e formosura", "O meu ideal", "Por um beijo", "Ontem, ao luar", "O que tu és", "Vai, ó meu amor, ao campo-santo" e "Luar do sertão".

Luar do sertão - De Catulo da Paixão Cearense - Intérprete: Paulo Tapajós (Sinter 1052). Faixas: "Luar do sertão", "Cabocla de Caxangá", "Cabocla bonita", "Ao luar", "Ontem, ao luar", "O que tu és", "Por um beijo", "Flor amorosa".

Catulo, o poeta do sertão - Na interpretação de Paulo Tapajós (Sinter 1709). Faixas: "Vai, ó meu amor, ao campo-santo", "Sertaneja" ("Nenê"), "Cleia", "U pueta du sertão", "O meu ideal", "Tu passaste por este jardim", "Talento e formosura", "Os olhos dela", "Rasga o coração", "Recorda-te de mim", "Templo ideal", "Palma de martírio".

Luar do sertão - De Catulo da Paixão Cearense - Na interpretação de Paulo Tapajós (Sinter 1770). Reprodução de seis das oito faixas do disco Sinter 1052 excluídas: "Cabocla de Caxangá" e "Flor amorosa", e mais: "Por que eu fui poeta", "Quando ela passa", "Nasci para te amar", "Perdoa", "Não vê-la mais" e "Fechei o meu jardim".

As interpretações de Vicente Celestino conservam melhor o sabor da época de Catulo e dos velhos chorões, as de Paulo Tapajós agradam mais ao ouvinte de hoje.

[Recomendamos o CD: *Catulo da Paixão Cearense nas vozes de Paulo Tapajós e Vicente Celestino* (Revivendo RVCD-069, 1994).]

2 – ERNESTO NAZARETH (1863-1934), o "fixador do maxixe", no dizer de Mário de Andrade, é compositor essencialmente instrumental, ou melhor, pianístico. Sua obra, especificamente brasileira, apesar da influência de Chopin, situa-se entre o erudito e o popular. Embora algumas de suas músicas sejam cantadas com versos de Catulo e outros, ele as escreveu para piano.

Ernesto Nazareth - Radamés Gnattali (Continental 2001). Solos de piano de Radamés, com orquestra. Reedição dos discos anteriormente lançados pela mesma etiqueta em 78 rotações.

Faixas: "Expansiva", "Tenebroso", "Ameno Resedá", "Odeon", "Fon-fon", "Apanhei-te cavaquinho", "Confidências" e "Batuque".

Jacob revive músicas de Ernesto Nazareth (RCA Victor 3001). Adaptação da música de Nazareth, feita com grande talento pelo bandolinista Jacob Bittencourt. Faixas: "Atlântico", "Nenê" ("Sertaneja"), "Saudade", "Confidências", "Tenebroso", "Odeon", "Faceira" e "Turbilhões de beijos".

Valsas de Ernesto Nazareth - Mário de Azevedo (Sinter 1059). Excelentes interpretações do pianista. Faixas: "Confidências", "Coração que sente", "Eponina", "Expansiva", "Fidalga", "Gotas de ouro", "Henriette" e "Saudade".

Há boas interpretações da música de Nazareth por Francisco Mignone, Custódio Mesquita e Mário de Azevedo em discos de 78 rotações.

[O portal www.ernestonazareth150anos.com.br traz a discografia completa do compositor para pesquisa e audição.]

Amor, música de Eduardo Souto na interpretação de Mário de Azevedo (Sinter 1012). Solos de piano. Faixas: "Do sorriso da mulher nasceram as flores", "Divagações", "Despertar da montanha", "Primavera", "E a pobre guitarra morreu" e "George Walsh".

Nélson Souto interpreta Eduardo Souto (Festa 6001). Na primeira face, o pianista Nélson Souto, filho do compositor, interpreta canções românticas: "Despertar da montanha", "Inverno", "Saudade", "Do sorriso da mulher nasceram as flores", "Evocação" e "Viver, morrer por um amor". Na face B estão reunidas peças dançantes: "Parati dançante", "Não sei dizer", "Só teu amor", "Gegê", "Tatu subiu no pau" e "Batucada". O pianista apresenta-se com conjunto instrumental e coro.

[Recomendamos o CD: *O despertar da montanha* [Sonopress UNICD3073, 1998], por Eudóxia de Barros [piano].]

3 – EDUARDO SOUTO (1882-1942),

compositor santista, tanto se dedicou ao gênero romântico nas suas valsas e nos seus tangos como ao samba, à marchinha e ao choro, sempre com grande talento. Até mesmo a música carnavalesca foi por ele cultivada, sendo que algumas vezes com parceiros, que foram Noel Rosa, João de Barro e Getúlio Marinho.

4 – PATÁPIO SILVA (1880-1907),

grande flautista e compositor pioneiro do disco gravado no Brasil, medalha de ouro do Instituto Nacional de Música, está representado na discografia *long-playing* com:

Altamiro Carrilho revivendo Patápio (Copacabana 11006). O notável flautista Altamiro, na face A do disco, gravou as seguintes músicas de Patápio: "Primeiro amor", "Margarida", "Zinha", "Sonho" e "Serenata d'amore", todas com grande orquestra dirigida pelo maestro Alceu Bocchino. Na face B, vamos encontrar a "Serenata oriental", de Ernesto Koller, número gravado e popularizado por Patápio, além de outras.

[Recomendamos os CDs: *Memórias musicais – Patápio Silva*, CD 8 da caixa *Memórias musicais* (Biscoito Fino/IMS, 2002); *Flauta imortal* (Revivendo RVPC-007, 2006).]

5 – MARCELO TUPINAMBÁ (1889-1953) – O engenheiro civil Fernando Lobo, em música Marcelo Tupinambá, deixou uma obra das mais vastas e da maior importância. Cultivou diversos gêneros musicais. "Ernesto Nazareth e Marcelo Tupinambá são, com efeito, os músicos brasileiros por excelência", escreveu Mário de Andrade.

Música de Marcelo Tupinambá (Sinter 1000). Solos de piano por Mário de Azevedo, o pioneiro na divulgação dos antigos compositores brasileiros, serviço inestimável que vem, há longos anos, prestando à música popular. Faixas: "Maricota sai da chuva", "Fandango", "Viola cantadera", "Ai, ai, balaio", "Tristeza de caboclo", "Pierrô" e "Bambuí".

[A página www.marcellotupynamba.com traz a discografia completa do compositor para pesquisa e audição.]

6 – PIXINGUINHA (1897-1973), a maior figura da música popular brasileira, compositor admirável, grande flautista, orquestrador, chefe de orquestra e cantor, é dos artistas que mais têm gravado. Alfredo da Rocha Viana Filho, o Pixinguinha, está presente em inúmeros discos *long-playing*. Infelizmente, deixando de tocar flauta, seus solos neste instrumento ainda não foram passados para os discos de longa duração, o que, fatalmente, acontecerá um dia.

Assim é que é Pixinguinha (Sinter 1713). Polcas, maxixes e choros. Vamos enumerar apenas as faixas de Pixinguinha: "Dando topada", "Flauzina", "Assim é que é", "Morcego", "Bebe", "Maxixe de ferro" e "Cascatinha". Alguns dos números acima são de autoria de José Nunes, Pedro Gaudino, Irineu de Almeida e Paulino Sacramento. Pixinguinha consta como coautor apenas para efeito de gravação, não tendo sido encontrados os herdeiros dos músicos citados.

Cinco companheiros – Pixinguinha e os chorões daquele tempo (Sinter 1731). Ao contrário do disco comentado anteriormente, agora todas as músicas são de autoria de Pixinguinha, embora fique na etiqueta, como coautor, o nome de Benedito Lacerda. Faixas: "Um a zero", "Naquele tempo",

"Proezas do Solon", "Vou vivendo", "Segura ele", "Sofres porque queres", "Tapa-buraco", "Ingênuo", "Cinco companheiros", "Lamento", "Cochicho" e "Chorei". Os "cinco companheiros" são: Pixinguinha (saxofone tenor), Abel Ferreira (clarineta), Pedro Vieira (flauta), Orlando Silva Leite (trombone) e Irani Pinto (violino).

[Recomendamos os CDs: *Gente da antiga*, série *2 em um* (Odeon, 1992/ EMI 583463, 2003); *Oito Batutas* (Revivendo RVCD-064, 1994); *Pixinguinha 70* (Museu da Imagem e do Som do Rio de Janeiro/Rob Digital 199.001.525, 1996); *Pixinguinha – 100 anos*, CD duplo (BMG 7432140286-2, 1997); *Raízes do samba – Pixinguinha* (EMI 522658-2, 1999); *Memórias musicais – Pixinguinha v. 1*, CD 4 da caixa *Memórias musicais* (Biscoito Fino/IMS, 2002); *Memórias musicais – Pixinguinha v. 2*, CD 9 da caixa *Memórias musicais* (Biscoito Fino/IMS, 2002); *Memórias musicais – Pixinguinha v. 3*, CD 14 da caixa *Memórias musicais* (Biscoito Fino/IMS, 2002); *Som Pixinguinha*, série *Odeon 100 anos* (EMI/Odeon, 2003); *O jovem Pixinguinha* (EMI 5936362, 2003); *Benedito Lacerda e Pixinguinha* (RCA/BMG, 2004); *Benê e Pixinga*, CD 2 da caixa *Benê, o flautista – Trilogia musical da obra do polêmico (e genial) Benedito Lacerda* (Maritaca M10032, 2006).]

7 – ARY BARROSO (1903-1964), o mais célebre dos compositores brasileiros, mineiro de Ubá, é autor de centenas de sambas, choros, valsas e marchinhas. Com grande talento musical, como sambista poucos há que o igualem. É imensa a sua produção, muito bem representada em discos *long-playing*, algumas dezenas deles. Aqui vamos apontar apenas os mais representativos:

Música de Ary Barroso - Canta Sílvio Caldas (Rádio 9). Sílvio é, ainda hoje, o melhor intérprete de Ary Barroso. Faixas: "No Rancho Fundo" (letra de Lamartine Babo), "Morena boca de ouro", "Três lágrimas", "Faceira", "Terra seca", "Maria" (letra de Luiz Peixoto), "Tu", "Risque".

Ary Barroso - Meu Brasil brasileiro (Odeon 3023). Ary ao piano com grande orquestra dirigida pelo maestro Leo Peracchi. Faixas: "Aquarela do Brasil", "Perdão", "Quando a noite é serena", "É mentira", "Oi", "Folha morta", "Malandro sofredor", "Na Baixa do Sapateiro", "O correio já chegou", "Sonho de amor", "Faceira", "Foi ela" e "Falta de consciência".

Ary Barroso e Dorival Caymmi - Um interpreta o outro (Odeon 3538). Pela primeira vez Caymmi interpreta músicas de outro compositor, e muito bem: "Na

Baixa do Sapateiro", "Marina", "Maria", "Dora", "Tu", "Nem eu". Na face A, Ary interpreta músicas de Caymmi.

Carnaval do Ary (Odeon 3057). Vale como curiosidade e como documentário, pois Ary canta diversas músicas carnavalescas de sua autoria: "Dá nela", "Eu vou pro Maranhão", "Iaiá boneca", "Eu sonhei", "Segura essa mulher", "O correio já chegou", "Upa, upa" e "Foi ela". Orquestra e coro. Outras gravações de Ary Barroso serão encontradas na segunda parte desta discografia.

[Recomendamos os CDs: *O mais brasileiro dos brasileiros* (Revivendo RVCD-040, 1993); *Songbook Ary Barroso*, v. 1 a 3 (Lumiar Discos LD 03/95, 1995); *Ary Caymmi/Dorival Barroso – Um interpreta o outro*, CD 2 da caixa *Caymmi amor e mar* (EMI, 2000); *Raízes do samba – Ary Barroso* (EMI 525276-2, 2000); *Nossa homenagem – 100 anos*, v. 1 a 6 (Revivendo RVCD-206, 2003); *Ary Barroso 100 anos*, CD duplo (EMI 5981722, 2004); *Carmen canta Ary Barroso*, v. 4 da coleção *Ruy Castro apresenta – Coleção Carmen Miranda* (EMI 379172, 2006); *Ary Barroso – Brasil brasileiro*, caixa com 20 CDs (Omar Jubran, 2013).]

8 – NOEL ROSA (1910-1937), o mais pessoal dos compositores cariocas, exímio melodista e o maior letrista já aparecido no Brasil. Suas músicas desafiam o tempo, cada vez mais divulgadas e cantadas. É tal a sua popularidade que muitas das suas gravações, feitas há mais de 20 anos, estão sendo reeditadas em discos *long-playing*.

Canções de Noel Rosa cantadas por Noel Rosa (Continental 19). São antigas matrizes de Noel Rosa feitas para a Columbia e agora reeditadas com o impróprio nome de "canções". São os seguintes *sambas*: "Vejo amanhecer", de Noel e Francisco Alves, cantado por Noel e Ismael Silva; "Coisas nossas"; "Mentiras de mulher", cantado por Noel e Artur Costa; "Gago apaixonado", "Mulher indigesta", "Positivismo" (letra de Orestes Barbosa), todas cantadas por Noel Rosa.

Noel Rosa (Continental 6). Reedição de oito das 12 faixas gravadas por Aracy de Almeida em discos de 78 rotações: "Feitiço da Vila", "Pra que mentir", "Conversa de botequim" (todas feitas com Vadico); "Último desejo", "Silêncio de um minuto", "O x do problema", "Não tem tradução" e "Palpite infeliz".

Noel Rosa e sua turma da Vila (Odeon 3041). Reedição das gravações originais de "Conversa de botequim",

"João Ninguém", "Arranjei um fraseado" e "Onde está a honestidade?", cantadas por Noel Rosa; e "Provei" (parceria com Vadico) e "Você vai se quiser", cantadas pela dupla Noel Rosa-Marília Batista. Na outra face do disco, músicas de outros autores.

Canções de Noel Rosa com Aracy de Almeida (Continental 10). Novamente a errada designação. Com arranjos de Vadico, o principal parceiro de Noel Rosa, Aracy canta os seguintes números: "Meu barracão", "Voltasse", "Coisas nossas", "Fita amarela", "Cor de cinza", "Eu sei sofrer", "A melhor do planeta" e "Cansei de pedir".

Poeta da Vila (Rádio 1). Apesar das deficiências técnicas, o disco se salva pelas interpretações vocais de Marília Batista. Faixas: "Feitio de oração", "Até amanhã", "Quando o samba acabou", "Para esquecer", "Com que roupa?", "Quem ri melhor", "Pela primeira vez" e "Dama do cabaré".

Samba e outras coisas (Musidisc 1015). Novamente Marília Batista, dessa vez em disco excelente, tanto na parte artística como na técnica. A cantora interpreta apenas dois sambas de Noel Rosa, até então inéditos: "Remorso" e "Tipo zero". Outras gravações de Noel Rosa serão encontradas na segunda parte desta discografia.

[Recomendamos os CDs: *Songbook Noel Rosa* (Lumiar Discos 100.211/2, 1991); *Mestres da MPB – Noel Rosa/Aracy de Almeida* (Warner 995959-2, 1993); *Noel Rosa por Aracy de Almeida e Mário Reis* (Revivendo RVCD-027, 1993); *Feitiço da Vila* (Revivendo RVCD-052, 1994); *A noiva do condutor* (Eldorado, 1995), por Marília Pêra, Grande Otelo e Conjunto Coisas Nossas; *Coisas nossas* (Revivendo RVCD-106, 1995); *História musical de Noel Rosa por Marília Batista*, CD duplo (Musidisc 777.6050 e 777.6051, 1996); *Que se dane* (Revivendo RVCD-139, 1999); *Noel pela primeira vez*, caixa com sete CDs duplos (Velas/Funarte/Omar Jubran 325912000892, 2000); *Noel Rosa*, série *Arquivos Warner*, por Aracy de Almeida, arranjos de Radamés Gnattali, Vadico e Francisco Sergi (Warner, 2002); *Noel por Noel*, série *Odeon 100 anos* (EMI/Odeon, 2003); *O assunto é Noel – Apresentação: Paulo Tapajós*, série *Acervo Rádio MEC* (Rádio MEC RM034, 2006).]

9 – JOUBERT DE CARVALHO (1900-1977), mineiro de Uberaba, é autor de um número impressionante de sucessos, tanto no gênero romântico como no alegre e malicioso, sendo o autor de "Taí", a música que mais concorreu para o renome de Carmen Miranda. Em dois discos de longa duração vamos encontrar parte da grande produção de Joubert Gontijo de Carvalho.

Olegário Mariano e a música de Joubert de Carvalho (Sinter 1785). Doze das peças que o compositor realizou sobre versos de Olegário Mariano (1889-1958): "Hula", valsa; "Bom dia, meu amor", fox; "Amor, brinquedo de criança", valsa; "A carícia de um beijo", fox; "Beduíno", bolero; "Mariúsa", valsa; "De papo pro á", cateretê; "Dor de recordar", fox; "Canção do abandono", bolero; "Felicidade", samba; "Zíngaro", beguine; "Galanteria", fox; diversos conjuntos orquestrais, com coro misto, quinteto feminino, coro masculino. Feliz realização de Luís Bittencourt, também responsável pela excelente série *Reminiscências*, editada pela Sinter.

Cantigas da minha terra (Sinter 1781). A face B traz oito músicas de Joubert: "Olha-me bem nos olhos", canção (letra de Adelmar Tavares); "Hula", valsa (letra de Olegário Mariano); "Nhá Maria", tanguinho; "Maringá", canção; "De papo pro á", cateretê (letra de Olegário Mariano); "Tabuada", canção (letra de Adelmar Tavares); "Dor", canção; e "Cantigas de minha terra", canção. Interpretação do cantor Paulo Tapajós com orquestra dirigida pelo maestro Leo Peracchi, e, em algumas faixas, coro.

[Recomendamos o CD: *A música brasileira deste século por seus autores e intérpretes – Joubert de Carvalho* (Sesc São Paulo, 2000).]

10 – CÂNDIDO DAS NEVES (1899-1934), filho de Eduardo das Neves, o célebre cantor de lundus e modinhas dos primitivos discos da Casa Edison, é autor de algumas dezenas de belas canções e valsas, além de sambas e marchinhas, todas de inspiração nitidamente brasileira. Uma reunião de seis das suas músicas pode ser encontrada em:

Cantigas da minha terra (Sinter 1781), que é a face B do disco anteriormente comentado. Faixas: "Cinzas", valsa; "Para sempre adeus", canção; "Noite cheia de estrelas", canção; "E nada mais", canção; "Lágrimas", valsa; e "Ao luar" ("Dileta"), canção. Interpretação do cantor Paulo Tapajós com orquestra dirigida pelo maestro Alexandre Gnattali. Todas as letras são de autoria do próprio compositor - Cândido (Índio) das Neves.

[Recomendamos o CD: *Cândido das Neves – "Índio"* (Revivendo RVPC-079, S/D).]

11 – LAMARTINE BABO (1904-1963), compositor e letrista carioca, já cultivou os mais variados gêneros da música popular e até a partitura completa de uma opereta escreveu. Mas é no gênero carnavalesco, principalmente da marchinha brejeira e maliciosa, que é inigualável. Principiando sua vitoriosa carreira muito jovem, sua obra abrange algumas centenas de peças, que o povo consagrou. Embora não tendo lançado muitas músicas ultimamente, sua marcha-rancho "Os rouxinóis", de 1958, veio provar que o compositor está ainda em plena forma. Três discos de longa duração representam muito bem Lamartine Babo.

O Carnaval de Lamartine Babo (Sinter 1047). Coleção dos maiores sucessos carnavalescos de Lamartine Babo. O autor canta, com orquestra e coro, as marchinhas "Hino do Carnaval", "Aí, hein?" (com Paulo Valença), "Uma andorinha não faz verão" (com João de Barro), "Rasguei minha fantasia", "Boa bola" (com Paulo Valença), "Moleque indigesto", "Ride palhaço", "O teu cabelo não nega" (com Irmãos Valença), "História do Brasil", "Linda morena", "Marchinha do grande galo" (com Paulo Barbosa), "Marchinha do amor", "Grau dez" (com Ary Barroso).

Noites de junho (Sinter 1069). Repertório para as festas juninas, sendo o número mais antigo de 1926 e o mais moderno de 1953. Cantado pelo autor com orquestra dirigida por Lyrio Panicali e coro. São as seguintes faixas: "Chegou a hora da fogueira", "Isto é lá com santo Antônio", "Noites de junho", "Quero, quero", "Pistolões" e "São João à moda", marchas; "Babo... seiras", rancheira; e "Mineirinha", toada. Todas as peças têm letra e música de Lamartine Babo.

Lamartine Babo e seus sucessos (Sinter 1784). Reedição de *O Carnaval de Lamartine Babo*, na face A, e mais os sambas "A tua vida é um segredo", "Lua cor de prata", "Minha cabrocha", "O sol nasceu para todos", "Só dando com uma pedra nela" e "Na virada da montanha", este último feito em parceria com Ary Barroso. Lamartine Babo canta acompanhado por orquestra e coro sob a direção do maestro Carlos Monteiro de Sousa.

[Recomendamos o CD: *O Carnaval de Lamartine Babo*, série *Carnaval – Sua história, sua glória*, v. 13 (Revivendo RVCD-070, 1994).]

12 – DORIVAL CAYMMI (1914-2008). Compositor e melhor intérprete de suas músicas, "a Bahia está inteira, no que tem de mais característico e definidor, na obra de Caymmi", como escreveu Jorge Amado. Sua produção pode ser dividida em quatro grupos: as canções do mar, as canções sobre motivos folclóricos, as cantigas do folclore baiano e os sambas, divisão feita pelo próprio compositor em seu livro *Cancioneiro da Bahia*. Em disco LP, o melhor de Dorival Caymmi está reunido nos seguintes:

Canções praieiras (Odeon 3004). Dorival canta acompanhado unicamente pelo seu violão as seguintes peças: "Quem vem pra beira do mar", toada; "O bem do mar", toada; "O mar", samba; "Pescaria", canção praieira; "É doce morrer no mar", canção; "A jangada voltou só", canção praieira; "A lenda do Abaeté", canção; e "Saudades de Itapoã", samba. É, fora de dúvidas, pela sua simplicidade, o melhor microssulco gravado pelo cantor e compositor baiano.

Sambas de Caymmi (Odeon 3028). Com orquestra e coro sob a direção de Luís Arruda Paes, Caymmi canta os seguintes sambas: "Sábado em Copacabana" e "Não tem solução" (ambos de parceria com Carlos Guinle), "Nunca mais", "Só louco", "Requebre que eu dou um doce", "Vestido de bolero", "A vizinha do lado", "Rosa morena".

Eu vou pra Maracangalha (Odeon 3000). Novamente Caymmi acompanhado pela orquestra de Alexandre Gnattali ou de Leo Peracchi: "Maracangalha", samba; "Samba da minha terra", samba; "Saudades da Bahia", samba; "Acontece que eu sou baiano", samba; "Fiz uma viagem", toada; "Vatapá", samba; "Roda pião", sobre motivo folclórico.

Como se vê, nos três discos acima citados não há repetição de nenhuma música, tornando-os uma espécie de antologia da obra de Caymmi.

Caymmi e o mar (Odeon 3011). Caymmi conta histórias da Bahia e de pescadores e tem a oportunidade de cantar, acompanhado pela orquestra dirigida por Leo Peracchi, os números: "História de pescadores", "Promessa de pescador", "Dois de fevereiro", "O vento", "Saudades de Itapoã", "Noite de temporal", "Festa de rua" e "O mar". Houve uma preocupação da gravadora em "valorizar" os diversos números, com o acompanhamento de grande orquestra e um texto falado algo artificial. Salva-se o disco, no entretanto, como documentário.

[Recomendamos os CDs: *Caymmi visita Tom* (Elenco/Polygram/Philips, 1991); *Songbook Dorival Caymmi*, v. 1 a 4 (Lumiar Discos LD 05/93 a LD 08/93, 1993); *Caymmi in Bahia*, gravado ao vivo no Teatro Castro Alves (Salvador, BA) em 1979 (Funarte/Polygram/Philips, 1994); *Mestres da MPB – Dorival Caymmi* (Warner 995969-2,

1994]; *História de pescadores* [EMI/Odeon, 1996]; *Raízes do samba – Dorival Caymmi* [EMI 522345-2, 1999]; *Caymmi inédito*, CD duplo [Universal UMD 51015, 2000]; *Caymmi amor e mar*, caixa com sete CDs [EMI, 2000]; *Vinicius e Caymmi no Zum Zum* [Elenco/Universal 04228489692, 2003]; *A música brasileira deste século por seus autores e intérpretes – Dorival Caymmi* [Sesc São Paulo JCB-0709-070, 2002]; *Caymmi*, série *Clássicos Odeon* [EMI 375833-2, 2006].]

13 – LINA PESCE (1913-1995), compositora paulista, é uma especialista no choro à velha moda, espécie de herdeira de Nazareth e de Anacleto, embora componha, também, números de outra espécie, valsas, canções, sambas etc. O choro de sua autoria – "Bem-te-vi atrevido" – tem sido gravado em vários países e alcançou grande popularidade quando executado pela organista Ethel Smith em um filme musical da Metro-Goldwyn-Mayer. Onze das melhores músicas de Lina Pesce estão reunidas no LP *Inspiração* (Copacabana 11027). Em solos de violino pelo artista mineiro Irani Pinto estão seis choros de Lina Pesce: "Corruíra saltitante", "Saudoso", "Tangará na dança", "Sabiá feiticeiro", "Elegante"

e "Bem-te-vi atrevido", e mais o "Baião concertante", a valsa "Onde estará meu amor?", o choro "Canarinho gracioso" e a valsa "Prelúdio ao sonho".

Valsas bem brasileiras (Columbia 37184) é o disco que vem provar não só as qualidades de Lina Pesce como compositora, mas a sua fina sensibilidade de intérprete. Realizado por sugestão do autor desta discografia, a Columbia soube produzir um disco que realmente honra a nossa indústria fonográfica. Uma grande orquestra de cordas sob a direção do maestro Lyrio Panicali (autor também das orquestrações) acompanha admiravelmente a pianista. São 12 valsas, de diversas épocas, todas de autoria de Lina Pesce, todas marcadas de brasilidade e de rara inspiração: "Momentos felizes", "Prelúdio ao sonho", "Por um olhar", "Serenamente", "Anoitecendo", "Quase um sonho", "Valsa triste", "Encantamento", "Alma inquieta", "Melancolia", "Folhas esparsas" e "Doce recordação".

14 – AMÉLIA BRANDÃO NERY (1897-1983). Com mais de 70 anos de idade, Tia Amélia, como é conhecida artisticamente, veio encontrar o sucesso depois de uma vida calma, passada em grande parte em sua cidade natal, Jaboatão, no estado de Pernambuco. Compositora de talento e exímia pianista, sua arte está muito bem representada nos seguintes discos de longa duração:

Velhas estampas (Odeon 3056). Tia Amélia, solista de piano, com acompanhamento da Banda Vila Rica, executa as peças de sua autoria: "Bordões ao luar", choro; "No passado", frevo; "Sorriso de Bruno", choro; "Recordando Patápio", valsa; "Coco de Alagoas", coco; "Carmélia", valsa; "Chora, coração", choro; "Presidente Carmona", marcha; "Dois namorados", choro; "Gratidão", valsa; "Sem nome", choro; "Dulce", valsa.

Músicas da vovó no piano da titia (Odeon 3097). Ainda com acompanhamentos da Banda Vila Rica, dirigida pelo maestro Osvaldo Borba, Tia Amélia nos choros de sua autoria: "Cochilos na penumbra", "Ouvindo o Gaya", "Quilombo dos Palmares", "Revoltado", "Batuque pra meus netos", batuque, e a valsa "Obrigado, Goiás". Inexplicavelmente, a gravadora, por motivos única e exclusivamente comerciais, obrigou a pianista a executar, para completar o disco, alguns números estrangeiros, quebrando a sua unidade.

[Recomendamos o CD: *A bênção, Tia Amélia* (Discos Marcus Pereira, 1995).]

15 – HUMBERTO TEIXEIRA (1915-1979), LUIZ GONZAGA (1912-1989) E MIGUEL LIMA (?). Aos dois primeiros compositores do Norte podemos juntar o nome de Miguel Lima, fluminense, parceiro de Gonzaga em inúmeros sucessos. A música nordestina fica assim representada nesta discoteca, que é mínima, com os seguintes discos de longa duração:

Humberto Teixeira em vários ritmos (Columbia 37011). Lyrio Panicali e sua orquestra executam as seguintes peças de Humberto Teixeira: "Sinfonia do café", samba; "Kalu", baião; "Só uma louca não vê", samba (com Lauro Maia); "Bate o bombo", baião; "Folha caída", samba-canção; "Seridó", baião (com Luiz Gonzaga); "Meu brotinho", marcha-rancho (com Luiz Gonzaga); "Tentaste mentir", samba, e "Só mesmo um grande amor", samba (ambos com F. Godoy); "Asa branca", baião (com Luiz Gonzaga); "Ajuda teu irmão", baião; "Deus me perdoe", samba (com Lauro Maia); "Carrapicho", baião; "Iracema", baião; e "Festa canora", samba.

Xamego (RCA Victor 1015). Luiz Gonzaga interpreta músicas de sua autoria feitas de parceria com Miguel Lima. São as seguintes: "Xamego", "Dança Mariquinha", "Quer ir mais eu?", "Três e trezentos", "Galo garnizé", "Dezessete e setecentos", "Cortando pano",

"O xamego da Guiomar", "Perpétua", "Bamboleado", "O torrado da Lili" e "Penerô xerém", frevos, baiões, choros, rancheiras etc.

[Entre 1992 e 2005, o selo Revivendo lançou em CD praticamente todas as gravações feitas por Luiz Gonzaga em discos de 78 rotações, incluindo suas parcerias com Humberto Teixeira, Miguel Lima e Zé Dantas. O artista também teve grande parte de seus LPs originais relançados pela BMG entre 1998 e 2000. Em 2001, outros LPs foram reeditados na série *RCA 100 anos de música*. Recomendamos todos esses álbuns, bem como os seguintes: *Acervo especial – Quadrilhas e marchinhas juninas* [BMG M60.050, 1994]; *Luiz Gonzaga – 50 anos de chão*, caixa com três CDs [BMG/RCA 7432129416-2, 1996]; *Luiz Gonzaga ao vivo – Volta pra curtir*, gravado no Teatro Tereza Rachel [Rio de Janeiro] em 1972 [BMG 74321855432, 2001]; *Luiz Gonzaga & Carmélia Alves – Espetáculo das Seis e Meia*, gravado no Teatro João Caetano [Rio de Janeiro] em 1977 [BMG/RCA 82876657142, 2004]; *Seu canto, sua sanfona e seus amigos*, caixa com três CDs [Revivendo RVCD-244 a 246, 2006]. Em relação à parceria Luiz Gonzaga-Miguel Lima, recomendamos o CD: *Xamego* [BMG/RCA 7432156807-2, 1998].]

16 – JOÃO DE BARRO (1907-2006) E ALBERTO RIBEIRO (1902-1971).

Uma das duplas mais populares de compositores; ambos músicos e letristas, cultivam os mais variados gêneros da nossa música popular. João de Barro, pseudônimo de Carlos Braga, e Alberto Ribeiro da Vinha estão presentes nos seguintes discos:

Marchinhas carnavalescas (Sinter 1097). O disco traz a garantia de qualidade que é a participação de Pixinguinha, que orquestrou os diversos números e dirigiu o conjunto instrumental. Coleção de alguns dos maiores êxitos carnavalescos da dupla: "Tem gato na tuba", "Deixa a lua sossegada", "Pirulito", "China pau", "Pirata", "Touradas em Madri", "Yes, nós temos bananas", "Minha terra tem palmeiras", "Cadê Mimi", "Quebra tudo", "Pepita de Guadalajara" e "Chiquita Bacana".

Aviso aos navegantes (Continental 60). Eis um disco da maior importância e que, inexplicavelmente, não alcançou sucesso popular. Agora são composições (letra e música) de Alberto Ribeiro, que se revela um cantor apreciável na interpretação de sambas maliciosos e satíricos; de um verdadeiro cronista de certos tipos populares e de certas situações criadas pelo nosso tempo. Alberto Ribeiro canta, com acompanhamentos de um pequeno conjunto dirigido pelo maestro Radamés Gnattali, as seguintes peças, até então inéditas: "Mestre Vicente", "Agapito", "Macário", "Seu Cosme", "Brederodes", "Camundongo", "Peixe caro", "Bateram no boi", "Cidadão Glicério", "Latifúndio", "Expedito", "Isidro", "Terra de doutores", "Estradeiros", "Gregório" e "Plantador de banana".

[Recomendamos os CDs: *Braguinha 90*, série *Carnaval – Sua história, sua glória*, V. 19 (Revivendo RVCD-113, 1996); *Nasce um compositor* (Revivendo RVCD-119, 1997); *A música brasileira deste século por seus autores e intérpretes – João de Barro* (Sesc São Paulo JCB-0709-014, 2000); *Songbook Braguinha*, v. 1 a 3 (Lumiar Discos LD 58 a LD 60, 2002); *João de Barro*, série *Documento* (BMG/RCA 103.0054, 2004); *Braguinha – João de Barro. 100 anos de alegria* (Revivendo RVCD-249, 2006).]

17 – WALDEMAR HENRIQUE (1905-1995), compositor paraense, vai buscar nos motivos folclóricos de sua região a inspiração para a sua música e os seus versos. A série das *Lendas amazônicas* é hoje conhecida em todo o país e trouxe justa consagração para o autor.

Músicas de Waldemar Henrique (Sinter 1064). Interpretadas pelo grande cantor Jorge Fernandes, acompanhado ao piano pelo autor, vamos encontrar: "Minha terra", "Trem de Alagoas" (com versos de Ascenço Ferreira), "Violeiro de estrada", "Meu último luar", "Rolinha", "Momento" (com versos de Alphonsus de Guimaraens Filho), "Tambatajá", "Sem seu boi-bumbá", "Abalogum", "Foi boto sinhá" (com letra de Antônio Tavernard), "Matinta Perera" e "No jardim de Oeira".

[Recomendamos os CDs: *Música popular do Norte 1* (Discos Marcus Pereira 10.072, 1994); *Waldemar inédito e raro Henrique*, CD duplo, Projeto Uirapuru: o Canto da Amazônia (Secult-Secretaria de Estado de Cultura do Pará, 1996); *Radamés Gnattali e Waldemar Henrique*, série *Acervo Funarte da música brasileira* (Funarte/Atração Fonográfica/Instituto Itaú Cultural, 1998); *Waldemar inédito e raro Henrique II*, Projeto Uirapuru: o Canto da Amazônia (Secult-Secretaria de Estado de Cultura do Pará, 2005).]

18 – HERIVELTO DE OLIVEIRA MARTINS (1912-1992), fluminense de Vassouras, começou sua carreira de compositor fazendo músicas para a dupla Preto e Branco, em 1935, dupla constituída por Francisco Sena e pelo próprio Herivelto. Com a morte prematura de Sena, Nilo Chagas veio substituí-lo, e um ano depois a dupla era ampliada para trio, com a voz da jovem Dalva de Oliveira. Em 1939, já contava com a denominação de Trio de Ouro. Em 1950, Dalva é substituída pela cantora Noeme Cavalcanti. Três anos mais tarde, um novo trio é constituído por Herivelto, Lourdinha Bittencourt e Raul Sampaio, o atual Trio de Ouro. Embora cantando músicas de outros compositores, a grande maioria das peças interpretadas pelo Trio de Ouro em suas diversas fases é constituída por composições de Herivelto Martins, hoje autor de cerca de 800 músicas, com ou sem parceiros. Eis, em discos *long-playing*, as três melhores coleções do compositor:

O famoso Trio de Ouro (Odeon 3014). Dalva de Oliveira, Herivelto Martins e Nilo Chagas cantam as seguintes músicas: "Ave-Maria no morro", samba; "Batuque no morro", batuque (parceria com Humberto Porto e Ozon); "Fala, Claudionor", samba (com Grande Otelo); "Não é horário", samba (com Príncipe Pretinho); "A Maria me controla", samba (com Roberto Roberti); "Senhor do Bonfim", samba; "Obé", candomblé; "Negro artilheiro", samba (com Sinval Silva); e mais quatro músicas de diferentes autores. Aproveitamento das matrizes de 78 rpm, realizadas entre 1937 e 1947.

Trio de Ouro e seus sucessos (RCA Victor 3020). O atual trio canta as seguintes peças de Herivelto: "Ave-Maria no morro", samba; "Negro telefone", samba (em parceria com David Nasser); "Noites do Paraguai", guarânia (em parceria com P.J. Cartés e S. Aguayo); "Rancho da serra", toada (em parceria com Blecaute); "Outra vez", samba-canção (em parceria com David Nasser); e mais três peças de diferentes autores.

Jubileu Herivelto (RCA Victor 5). Por ocasião do jubileu artístico do compositor, a RCA Victor reuniu em um *long-playing* 12 das produções de Herivelto, interpretadas pelos seus artistas exclusivos. Não podia deixar de ser um disco muito desigual, considerando-se a diferença de nível artístico entre os diversos cantores e executantes. Nélson Gonçalves canta "Caminhemos", samba; Marlene, o samba "Meu mulato"; Orlando Corrêa, o samba "Caboclo abandonado" (com Benedito Lacerda); Dirchinha Batista,

"Edredom vermelho", samba; Ivon Curi, "Nossas vidas", samba; o Trio de Ouro mais uma vez, "Ave-Maria no morro"; Carlos Galhardo, "Capela de São José", valsa (parceria com Marino Pinto); Linda Batista, "Vem, a Bahia te espera", samba (com C. Garcia); Marion, "Cabaré no morro", samba; Francisco Carlos, "Bom dia", samba (com Aldo Cabral); há, ainda, um *pot-pourri* de diversos sambas executado pela orquestra de Zacarias e um arranjo magistral de Jacob, que executa os choros "Meu rádio e meu mulato" e "Amélia na praça Onze". Este é, sem dúvida, o ponto alto do disco.

[Recomendamos os CDs: *Trio de Ouro* (Revivendo RVCD-054, 1994); *Que rei sou eu?*, série *Acervo Funarte da música brasileira* (Funarte/Instituto Itaú Cultural, 1997); *Carnaval de rua de Herivelto Martins* (Inter Records R22019, 2000); *Jubileu Herivelto* (BMG/RCA 8287664633-2, 2004); *Herivelto Martins ao vivo em Marlene Total*, série *Acervo Rádio MEC* (Rádio MEC RM036, 2006); *Herivelto Martins – 100 anos* (Revivendo RVCD-276, 2012).]

19 – ISMAEL SILVA (1905-1978) E NILTON BASTOS (1899-1931). Os dois grandes sambistas do Estácio de Sá, que muito concorreram para a fama de Francisco Alves e Mário Reis, fundadores da Escola de Samba Deixa Falar, podem ser ouvidos nos seguintes discos de longa duração:

Os duetos de Francisco Alves e Mário Reis (Odeon 3075). As antigas matrizes da dupla estão reunidas no excelente *long-playing*. Músicas de Ismael e Nilton Bastos: "Se você jurar", "Arrependido", "Não há", sambas. As outras faixas podem ser encontradas na segunda parte desta discografia, quando trataremos dos intérpretes.

O samba na voz do sambista (Sinter 1055). Desta vez os sambas da dupla são apresentados pelo próprio Ismael Silva, que, sem ser um grande cantor, canta com autenticidade as seguintes músicas: "Se você jurar", "Que será de mim?", "Para me livrar do mal", "Sofrer é da vida" e "Nem é bom falar". Completam o disco os sambas "Me diga teu nome" e "Novo amor", de Ismael Silva, sem parceiros; e "Adeus", de Ismael, Noel Rosa e Francisco Alves.

[Recomendamos os CDs: *Ismael canta... Ismael* (Inter Records, 2000); *A música brasileira deste século por seus autores e intérpretes – Ismael Silva* (Sesc São Paulo JCB-0709-028, 2001); *Se você jurar*, série *Documento* (BMG/RCA, 2004).]

20 – GADÉ, PSEUDÔNIMO DE OSVALDO CHAVES RIBEIRO (1904-1969), E VALFRIDO SILVA (1904-1972) foram outra grande dupla, das melhores da nossa música popular. O primeiro, autêntico pioneiro, possuidor de extraordinário ritmo e de "invenção" nitidamente nossa, é bastante conhecido por suas composições e suas letras tão características. Mas, quando se junta a Valfrido, exímio baterista, o "baile" está formado, saem os grandes sambas, de sabor genuinamente popular, de inspiração carioca das mais puras. A dupla está reunida no esplêndido *long-playing*:

Gafieira (Musidisc 45). É, a nosso ver, um dos pontos altos da discografia da música popular brasileira. Disco despretensioso, feito com a maior simplicidade, com os autores em seus respectivos instrumentos e um coro misto que canta o estribilho dos diversos sambas, está exigindo uma nova edição, tal o seu sabor e qualidade. Em *Gafieira*, estão reunidos os seguintes sambas de autoria de Gadé e Valfrido Silva: "Na cadência do tambor", "Vou casar no Uruguai", "Cem anos de perdão", "Tudo agora é sonho", "Vai cavar a nota", "O feitiço virou", "Perdi a aposta" e "Meu consolo".

21 – LUPICÍNIO RODRIGUES (1914-1974), quando não se deixa influenciar pelos tangos argentinos, produz música popular da melhor qualidade. O compositor sul-rio-grandense, que raramente vem ao Rio de Janeiro, e que hoje pouco grava, pode ser bem representado nesta discografia pelo seu *long-playing*:

Roteiro de um boêmio (Copacabana 3014). Aproveitamento de quatro discos gravados pelo próprio Lupicínio, em 78 rpm, para a etiqueta Star, antecessora da Copacabana. O compositor-cantor interpreta os seguintes números: "Os beijos dela", "Jardim da saudade", "Aves daninhas", "Se acaso você chegasse" (com Felisberto Martins), "Nossa Senhora das Graças", "Iná", "Namorados" e "Amor é só um". Acompanhamentos por Simonetti e sua Orquestra.

[Recomendamos os CDs: *Mestres da MPB – Lupicínio Rodrigues* (Warner 179033-2, 1994); *Eu e o meu coração – Lupicínio Rodrigues v. 1* (Revivendo RVCD-101, 1995); *Minha história – Lupicínio Rodrigues v. 2* (Revivendo RVCD-102, 1995); *Felicidade – Lupicínio Rodrigues v. 3* (Revivendo RVCD-103, 1995); *Há um Deus – Lupicínio Rodrigues v. 4* (Revivendo RVCD-104, 1995); *Lupicínio Rodrigues*, série *Enciclopédia musical brasileira*, n. 7 (Warner 857381573-2, 2000); *A música brasileira deste século por seus autores e intérpretes – Lupicínio Rodrigues* (Sesc São Paulo JCB-0709-009, 2000).]

22 – ATAULFO ALVES (1909-1969), mineiro da pequena cidade de Miraí, é um dos mais notáveis artistas da nossa música popular. Compositor e letrista excelente, é, ainda, o melhor intérprete de suas músicas, sempre acompanhado por um pequeno coro feminino, que ele intitula "as suas pastoras". Tendo gravado inúmeros discos em 78 rpm, em quase todas as etiquetas, sua obra está muito bem representada pelos seguintes discos de longa duração:

Ataulfo Alves, suas pastoras e seus sucessos (Sinter 1042). Reúne as seguintes músicas: "Ai, que saudade da Amélia" e "Atire a primeira pedra" (ambos em parceria com Mário Lago), "Vida da minha vida", "Pois é...", "Leva meu samba", "Infidelidade" (com Américo Seixas), "Vai na paz de Deus" (com Antônio Domingues), sambas; e o batuque "Pai Joaquim d'Angola".

Ataulfo Alves e suas pastoras (Sinter 1051). As "pastoras" de Ataulfo neste disco são: Antônia de Sousa, Geraldina Barreiros, Geralda Matos, Nadir de Oliveira. São oito sambas: "Você não quer, nem eu", "Rainha do samba", "Sai do meu caminho", "Castelo de Mangueira" (com Roberto Martins), "Fala mulato" (com Alcebíades Nogueira), "Se a saudade apertar" (com Jorge de Castro), "É hoje" (com Dunga) e "Endereço" (com Mário Lago).

Ataulfo Alves e suas pastoras (Odeon 3108). É o mais recente *long-playing* de Ataulfo, e nele são apresentados os seguintes sambas: "Bom crioulo", "Intriga", "Mensageiro da dor", "Jubileu", "Mais um samba popular", "De janeiro a janeiro", "Oh! Seu Oscar" e "O bonde São Januário" (ambos com Wilson Batista), "Meu pranto ninguém vê" (com José Gonçalves), "Geme, negro" (com Sinval Silva), "Sei que é covardia, mas...", e "Casa 33", de autoria de Adelino Alves e Artur Vargas Jr.

[Recomendamos os CDs: *É bossa mesmo*, série *Memória da música brasileira* (Movieplay, 1992); *Vida de minha vida – Ataulfo Alves v. 1* (Revivendo RVCD-086, 1993); *A você – Ataulfo Alves v. 2* (Revivendo RVCD-112, 1996); *Saudade da professorinha...* (Revivendo RVCD-133, 1999); *Raízes do samba – Ataulfo Alves* (EMI 522789-2, 2000); *Talento não tem idade* (Revivendo RVCD-198, 2003).]

23 – J. CASCATA (1912-1961), pseudônimo de Álvaro Nunes, carioca de Vila Isabel, **E LEONEL AZEVEDO (1908-1980)**, carioca de São Cristóvão, formam das mais conhecidas duplas de compositores populares, autores que são de alguns dos maiores sucessos do cantor Orlando Silva, na sua melhor fase. Tanto cultivam as valsas dolentes como o samba-canção.

Músicas de J. Cascata e Leonel Azevedo (Sinter 1070). É o único disco de longa duração exclusivamente com composições da dupla. Cantado por Carlos Augusto, acompanhado por diversas formações pequenas e variadas, vamos encontrar os seguintes números: "Maria", valsa; "Juramento falso", samba; "Mágoas de caboclo", canção; "Lábios que beijei", valsa; "Desilusão", samba-canção; "História joanina", canção; e "Quem foi?", samba-canção, todos da dupla; e mais "Meu romance", samba, assinado apenas por J. Cascata.

[Recomendamos o CD: *Leonel Azevedo – O compositor em estórias de amor*, caixa com três CDs (Revivendo RVCD-128 a 130, 1998).]

24 – ANTÔNIO NÁSSARA (1910-1996), outro compositor carioca, dedicou-se à música carnavalesca, sendo um dos maiores cultores do gênero, só comparável a um Lamartine Babo, um Ary Barroso ou um João de Barro. Sua popularidade é enorme nos meios musicais e, também, nos jornalísticos, pois o compositor é o mesmo famoso caricaturista Nássara.

Pixinguinha e sua banda em "Carnaval", de Nássara (Sinter 1088). Poucos são os autores tão bem representados nesta discografia como Nássara. Teve ele a ventura de ver suas músicas interpretadas pela banda de Pixinguinha, em arranjos magistrais do nosso maior compositor popular, Alfredo da Rocha Viana Filho. Na face A, encontramos oito marchinhas carnavalescas de Nássara: "Formosa" (com J. Rui), "Maria Rosa", "Tipo 7" (com Alberto Ribeiro), "Periquitinho verde" (com Sá Róris), "Na casa de seu Tomás" e "História antiga" (ambas com J. Cascata), "Balzaquiana" (com Wilson Batista) e "Alá-lá-ô" (com Haroldo Lobo). Na face B, a primeira e, talvez, única valsa carnavalesca, "Nós queremos uma valsa" (com Eratóstenes Frazão), e os sambas "O que é que você quer mais" (com Roberto Martins), "Mundo de zinco" (com Wilson Batista), "Me queimei" (com Valfrido Silva) e "Meu consolo é você" (com Roberto Martins).

[Recomendamos o CD: *A música brasileira deste século por seus autores e intérpretes – Antônio Nássara* (Sesc São Paulo JCB-0709-065, 2002).]

25 – HERVÉ CORDOVIL (1914-1979), nascido em Minas Gerais, começou sua carreira musical no Rio de Janeiro, como pianista e compositor. Transferindo-se para São Paulo, desenvolveu os seus estudos musicais e é hoje um dos nossos melhores orquestradores e regentes da música popular. Tendo feito músicas com Noel Rosa e Bonfiglio de Oliveira, sua bagagem artística é das maiores. Em *long-playing*, está representado pelo seguinte disco:

Hervé Cordovil interpretado por Carmélia Alves (Copacabana 3064). Não poderia o compositor encontrar melhor intérprete: Carmélia Alves é, sem dúvida, uma das nossas melhores cantoras. Na face A, nove baiões: "Pé de manacá" (com Marisa P. Coelho), "Esta noite serenou", "Sabiá na gaiola" (com Mário Vieira), "Eh! boi", "Cabeça inchada", "Baião vem, baião vai", "Adeus morena" (com Manezinho Araújo), "O trem chegou" e "Esquinado". Na face B, a melhor do disco, os sambas: "Tem pena de mim", "Pode ficar" (com Vicente Leporace), "Chuva" (com Armando Rosas) e "Não tem mais fim" (com René Cordovil).

[Recomendamos o CD: *A música brasileira deste século por seus autores e intérpretes – Hervé Cordovil* (Sesc São Paulo JCB-0709-027, 2001).]

26 – VINICIUS DE MORAES (1913-1980) E ANTÔNIO CARLOS JOBIM (1927-1994), atualmente a dupla de maior sucesso da nossa música popular, são dois artistas cultos que procuram novos caminhos e novas soluções em seus ritmos, suas melodias e seus versos. Vinicius é poeta realizado, e Jobim, a nosso ver, caminha para a música de câmara ou sinfônica. Falta aos dois o cunho legitimamente popular.

Músicas de "Orfeu da Conceição" (Odeon 3056). São as diversas músicas que a dupla escreveu para a peça de Vinicius de Moraes e a primeira reunião em disco de números de Tom e Vinicius. Face A: "Overture", pela orquestra dirigida por Antônio Carlos Jobim, e "Monólogo de Orfeu", dito por Vinicius de Moraes, com Luís Bonfá ao violão. Face B: "Um nome de mulher", "Se todos fossem iguais a você", "Mulher, sempre mulher", "Eu e o meu amor" e "Lamento no morro", sambas; Roberto Paiva, cantor, com acompanhamentos de orquestra, sob a regência de Antônio Carlos Jobim, e violão de Luís Bonfá.

Canção do amor demais (Festa 6002). Elizeth Cardoso, intérprete excelente para o tipo de música que fazem Tom e Vinicius, canta: "Eu não existo sem você", "Estrada branca", "Vida bela", "Modinha", "Canção do amor demais", "Chega de saudade", "Caminho de pedra", "Luciana" e "Janelas abertas", de Antônio Carlos Jobim e Vinicius de Moraes; "Outra vez" e "As praias desertas", de Jobim; e "Serenata do adeus" e "Medo de amar", de Vinicius.

Por toda minha vida (Festa 6006). Neste *long-playing*, as músicas de Jobim e Vinicius são tratadas e interpretadas de maneira que se situam entre o popular e o erudito. Canta Lenita Bruno, com orquestra. "Eu sei que vou te amar", "Canta, canta mais", "Modinha", "Cai a tarde", "Sem você", "Eu não existo sem você", "Por toda minha vida", "Serenata do adeus", "Estrada branca", "Soneto da separação", "Valsa de Orfeu", "Canção do amor demais" e "As praias desertas" são os números agora reunidos.

[Grande parte da extensa lista de LPs de Vinicius de Moraes e Tom Jobim – tanto os de música quanto os de poesia – já foi reeditada em CD. Recomendamos a audição de todos esses álbuns. A maioria deles pode ser encontrada nas duas caixas lançadas pela Universal Music: *Como dizia o poeta* (2001), com 27 CDs, e *A bênção, Vinicius – A arca do poeta* (2013), com 20 discos. Recomendamos também uma visita à página oficial do poeta: http://www.viniciusdemoraes.com.br/; e à de Tom Jobim: http://portal.jobim.org/.]

27 – BILLY BLANCO, OU WILLIAM BLANCO (1924-2011), arquiteto e nortista, é um autêntico representante do samba carioca. Suas músicas fáceis e espontâneas têm aquela malícia que tornou célebre um Noel Rosa, e a inspiração dos nossos melhores compositores populares. É um caricaturista e um observador, à maneira de um Alberto Ribeiro. Sendo moderno, acredita, antes de tudo, no ritmo buliçoso e marcante, característica primordial do samba.

Doutor em samba (Columbia 37034), *long-playing* da discografia nacional. Bem cantado por Paulo Marques, mostra-nos magníficos arranjos orquestrais do maestro Radamés Gnattali. Sambas (todos com letra e música de Billy Blanco): "Samba de doutor", "Obrigado, excelências", "Camelô", "O amor é cego", "Minha vida com Teresa", "Coringa", "Na janela do mundo", "Feiura não é nada", "Se papai fosse eleito", "Viva meu samba", "Estatuto de boate", "Vaca de presépio" e "Requerimento ao prefeito".

[Recomendamos os CDs: *Rio de Janeiro – Sinfonia popular em tempo de samba* [WEA/Continental, 1995]; *Billy Blanco & Radamés Gnattali – Doutores em samba* [Kuarup KCD-068, 1996]; *O autor e sua música – Billy Blanco informal* [CID 00201/1, 1996]; *A música brasileira deste século por seus autores e intérpretes – Billy Blanco* [Sesc São Paulo JCB-0709-022, 2000]; *A bossa de Billy Blanco* [Biscoito Fino BF 529, 2002].]

Com Billy Blanco encerramos a primeira parte desta discografia. Infelizmente, muitos grandes nomes da música popular não estão aqui representados, alguns por inexistência de discos, como é o incrível caso de José Barbosa da Silva, o Sinhô, por muitos apontado como o maior sambista de todos os tempos. Outros por terem gravações tecnicamente imperfeitas (como Heitor dos Prazeres), ou incompletas (o disco dedicado a Custódio de Mesquita, por exemplo, é apenas instrumental). Não houve esquecimentos exponenciais, quer pela categoria de seus respectivos autores, quer pelas razões acima expostas.

B – INTÉRPRETES

1 – MÁRIO REIS (1907-1981), carioca da Tijuca, foi descoberto por José Barbosa da Silva, o Sinhô, gravando o seu primeiro disco em 1928. Foi o primeiro artista a interpretar o samba sem os exageros então comuns nos cantores da época, e sem as influências dos tenores e barítonos de ópera. Pode-se dizer que a influência de Mário Reis foi enorme, mesmo sobre cantores mais antigos e experientes. Tudo nele é sobriedade, tudo é carioca e brasileiro. Infelizmente, até o momento, há apenas um disco de longa duração trazendo a voz do cantor:

JOÃO DA BAHIANA, PIXINGUINHA E ÂNGELA MARIA POSANDO PARA FOTOS DE DIVULGAÇÃO DO LANÇAMENTO DOS LPS *A VELHA GUARDA* (COM PIXINGUINHA E A TURMA DA VELHA GUARDA) E *A RAINHA CANTA* (COM ÂNGELA MARIA); RIO DE JANEIRO, 1955 (ACERVO PIXINGUINHA/IMS)

Os duetos de Francisco Alves e Mário Reis (Odeon 3075). Foi em 1930 que os dois cantores se reuniram em dupla, talvez a mais famosa da nossa música popular. O disco reúne matrizes antigas, mas ainda em magnífico estado, agora beneficiadas pelos processos modernos de reprodução. Faixas: "Marchinha do amor", de Lamartine Babo; "Fita amarela", samba de Noel Rosa; "Formosa", marcha de Nássara e J. Rui; "Mas como, outra vez?", marcha de Noel Rosa e Francisco Alves; "Estamos esperando" e "Tudo que você diz", sambas de Noel Rosa. (As outras faixas estão apontadas na primeira parte desta discografia, quando foram focalizados os compositores Ismael Silva e Nilton Bastos (p. 128) A Odeon, a Victor, a Columbia e a Continental, que possuem inúmeras matrizes do cantor Mário Reis, bem poderiam promover o seu lançamento em discos de duração lenta.

Mário Reis canta suas criações em hi-fi (Odeon MOFB 3177). Sobre o disco, veja neste livro o capítulo "A volta de Mário Reis" (pp. 108-111).

[Recomendamos os CDs: *Quando o samba acabou* (Revivendo RVCD-025, 1992); *Noel Rosa por Aracy de Almeida e Mário Reis* (Revivendo RVCD-027, 1993); *Duplas de bambas*, CD 1: Francisco Alves e Mário Reis (Revivendo RVCD-043, 1993); *Gosto que me enrosco* – Mário Reis/ Luiz Barbosa (Revivendo RVCD-036, 1993); *Jura* (Revivendo RVCD-157, 2001); *Ases do samba* – Mário Reis e Francisco Alves (Revivendo RVCD-168, S/D); *Noel Rosa por Noel Rosa & Sinhô por Mário Reis* (Warner 857381718-2, 2000); *Um cantor moderno*, caixa com três CDs (BMG, 2004).]

2 – FRANCISCO ALVES (1898-1952), carioca, nasceu na rua da Prainha, e começou muito jovem a sua carreira artística. Dono de uma voz de incomparável beleza, já muito desfigurada em seus últimos anos de vida, foi o cantor brasileiro que mais gravou, seguramente mais de 500 discos. Bom violonista, tanto cantava as valsas e as serestas dolentes como o samba e a marchinha carnavalesca. Até músicas estrangeiras gravou, em versões brasileiras ou com as letras originais, como os tangos argentinos.

Os duetos de Francisco Alves e Mário Reis (Odeon 3075). É o disco comentado acima.

Álbum da saudade (Odeon 3001). É o primeiro *long-playing* editado pela Odeon em nosso país, reunindo oito interpretações de Francisco Alves.

Infelizmente, as matrizes escolhidas foram as mais recentes, quando o cantor começara a sentir o peso dos anos. Faixas: "Malandrinha", canção de Freire Júnior; "Canção da criança", valsa de Francisco Alves e René Bittencourt (com a participação de um coro infantil); "Boa noite, amor", valsa de José Maria de Abreu e Francisco Matoso; "São Paulo, coração do Brasil", samba de Francisco Alves e David Nasser; "A mulher do meu amigo", samba de Denis Brean e Osvaldo Guilherme; "Brasil de amanhã", marcha-hino de Francisco Alves e René Bittencourt (novamente com o coro infantil); "Cinco letras que choram", samba-canção de Silvino Neto; e "A voz do violão", canção de Francisco Alves e Horácio Campos (não se trata da primeira gravação da famosa peça, até hoje a melhor). Em todos os números Francisco de Morais Alves é acompanhado por orquestra.

Francisco Alves (Odeon 3011). Novamente o aproveitamento de matrizes mais ou menos recentes: "Fracasso", samba de Mário Lago; "Nanci", valsa de Bruno Areli e Luís Lacerda; "Felicidade", samba de René Bittencourt; "Palavras amigas", samba de Klécius e Armando Cavalcanti; "Nervos de aço", samba de Lupicínio Rodrigues; "Bahia com H", samba de Denis Brean; "Transformação", samba de Herivelto Martins; "Chuá, chuá", em ritmo de samba a toada de Pedro Sá Pereira e Ari Pavão; "Forasteiro", samba de Ary Barroso; "Saudades do passado", samba de David Nasser, Gomes Cardim e Francisco Alves; "Marina", samba-canção de Dorival Caymmi; e "Estranha melodia", bolero de Francisco Alves e David Nasser. Músicas de variado nível artístico são valorizadas pela voz de Chico Viola.

O rei da voz – Francisco Alves (Odeon 3033). Outra coleção póstuma (Francisco Alves não chegou a gravar pelos modernos sistemas de alta-fidelidade) reúne os seguintes números: "Rei sem coroa", samba de Herivelto Martins e Valdemar Ressurreição; "Vidas mal traçadas", valsa de Dante Santoro e Sila Gusmão; "Esses moços", samba de Lupicínio Rodrigues; "Maria la-ô", rumba de Ernesto Lecuona em versão de Haroldo Barbosa; "Ai, ai, que pena", samba de Wilson Batista e David Nasser, a melhor faixa do disco; e "Pálida morena", canção de Freire Júnior. Mais uma vez não houve critério na reunião de diversos números, alguns de índice inferior. Na face B: "Esmagando rosas", bolero de Alcyr Pires Vermelho e David Nasser; "Culpe-me", samba de Herivelto Martins; "A dama de vermelho", valsa de Pedro Caetano e Alcyr Pires Vermelho; "Velhas cartas de amor", samba de Francisco Alves e Klécius Caldas;

"Ouve esta canção", rumba de Francisco Alves e Orestes Barbosa; e "Maria Helena", fox de Lorenzo Barcelata em versão de Haroldo Barbosa.

Foi ela... (RCA Victor 583-5033). É um EP de 45 rpm, reunindo quatro das melhores gravações de Francisco Alves na Victor, e, também, o primeiro que a fábrica oferece com músicas de seu ex-contratado: "Foi ela", samba de Ary Barroso; "A mulher que ficou na taça", valsa de Francisco Alves e Orestes Barbosa; "É bom parar", samba de Rubens Soares; e "Serra da Boa Esperança", samba de Lamartine Babo.

[Recomendamos os CDs: *Francisco Alves* (Revivendo RVCD-001, 1991); *Duplas de bambas*, CD 1: Francisco Alves e Mário Reis (Revivendo RVCD-043, 1993); *Orestes Barbosa – O poeta nas vozes de Francisco Alves e Sílvio Caldas* (Revivendo RVCD-049, 1993); *In memoriam – Francisco Alves* (BMG/RCA M60.027, 1993); *O Rei da Voz canta Francisco Alves* (Revivendo RVCD-068, 1994); *Mestres da MPB – Francisco Alves* (Warner, 1994); *Canta Brasil!* (Revivendo RVCD-100, 1995); *O Rei da Voz*, caixa com três CDs (BMG 7432150217-2, 1997); *Longa caminhada* (Revivendo RVCD-125, 1998); *Bis – Francisco Alves*, CD duplo (EMI, 2000); *Ases do samba – Mário Reis e Francisco Alves* (Revivendo RVCD-168, s/d); *50 anos depois*, caixa com quatro CDs (Revivendo RVCD-170 a 173, 2002).]

3 – CARMEN MIRANDA (1909-1955), nome artístico de Maria do Carmo Miranda da Cunha, nasceu em Marco de Canavezes, Portugal, vindo para o Brasil com um ano de idade. Orientada pelo compositor e violonista Josué de Barros, tornou-se uma das melhores intérpretes da música popular brasileira. Suas apresentações despertavam o maior entusiasmo, e seus discos até hoje são procurados. Maliciosa e cheia de ritmo e graça, Carmen Miranda jamais será esquecida enquanto os discos perpetuarem sua voz.

Carmen Miranda em suas criações inesquecíveis (RCA Victor 3005). Reunião de vários números gravados entre 1930 e 1935, a melhor época da cantora, em suas matrizes originais. Faixas: "Iaiá, Ioiô", marcha de Josué de Barros; "Taí" ("Pra você gostar de mim"), marcha de Joubert de Carvalho; "Moleque indigesto", marcha de Lamartine Babo, que canta em dueto com Carmen; "Amor, amor!", marcha de Joubert de Carvalho; "Alô, alô?", samba de André Filho, em dueto com Mário Reis; "Coração", samba de Sinval Silva; "Ao voltar do samba", samba do mesmo autor; e "Bamboleô", samba de André Filho. A cantora é acompanhada por diversos conjuntos:

Orquestra Victor Brasileira, Grupo do Canhoto, Diabos do Céu.

A pequena notável (Odeon 3022). Gravações originais feitas por Carmen Miranda quando, depois de deixar a Victor, em 1935, passou a gravar na Odeon. É, como a anterior, uma excelente seleção: "Camisa listrada", samba-choro de Assis Valente; "Eu dei", marcha de Ary Barroso; "Quem é?", choro de Custódio Mesquita e Joracy Camargo (a cantora canta em dueto com Barbosa Júnior); "Deixa falar", samba de Nélson Petersen (com introdução falada por Ary Barroso); "Me dá, me dá", samba-choro de Portelo Juno e Cícero Nunes; "Como vaes você?", marcha de Ary Barroso; "E o mundo não se acabou", samba-choro de Assis Valente; e "Na Bahia", samba-jongo de Herivelto Martins e Humberto Porto, com a participação do Trio de Ouro com Dalva de Oliveira. Carmen Miranda é acompanhada pelos seguintes conjuntos: Grupo Odeon, Orquestra Odeon, Conjunto Regional de Benedito Lacerda, Conjunto Regional de Pixinguinha-Luperce Miranda.

> [Em 1996, a EMI reeditou todas as gravações feitas por Carmen Miranda na Odeon (1935-1940) numa caixa com cinco CDs (EMI 834704-2 a 834708-2). Em 1998, a BMG lançou uma caixa com três CDs (BMG 7432152774-2) contendo as principais gravações feitas pela artista na RCA Victor (1929-1935).

> Recomendamos a audição dessas duas caixas, bem como dos seguintes CDs: *Carmen Miranda* (Revivendo RVCD-003, 1990); *A Pequena Notável* (Revivendo RVCD-037, 1993); *Acervo especial – Carmen Miranda* (BMG-Ariola V100.026, 1993); *Raízes do samba – Carmen Miranda* (EMI 522167-2, 1999); *Tico-tico – Carmen Miranda* (Warner 3259130172430, 2005); *Ruy Castro apresenta – Coleção Carmen Miranda*, V. 1 a 4 (EMI 379169-2 a 379172-2, 2006); *Raridades* (Revivendo RVCD-247, 2007).]

4 – SÍLVIO CALDAS (1908-1998), nasceu na rua S. Luiz Gonzaga, no bairro de São Cristóvão, Rio de Janeiro. Aos seis anos de idade já cantava no conjunto Família Ideal, que se exibia nos bailes e reuniões do antigo bairro da zona norte. Compositor de méritos e violonista, é como cantor que se realiza integralmente, numa carreira que vem atravessando os anos, o intérprete cada vez mais aprimorando sua arte, resistindo ao tempo. Sílvio Narciso de Figueiredo Caldas, boêmio de temperamento, cultor dos mais variados gêneros da nossa música popular, está muito bem representado nesta discografia. A parte mais importante de sua obra já está reunida em discos de longa duração.

Madrugada com Sílvio Caldas (Odeon 3025). Matrizes originais gravadas entre 1935 e 1937 foram reunidas neste disco; são as primeiras gravações de números do repertório de Sílvio que ainda hoje são os mais aplaudidos: "Chão de estrelas", canção, e "Arranha-céu", valsa, de Sílvio Caldas e Orestes Barbosa; "Arrependimento", samba de Sílvio Caldas e Cristóvão de Alencar; "Inquietação", samba de Ary Barroso; "Madrugada", samba de Benedito Lacerda e Herivelto Martins; "Minha palhoça", samba de J. Cascata; "Quase que eu disse", valsa de Sílvio Caldas e Orestes Barbosa; "Pastorinhas", marcha de Noel Rosa e João de Barro; "Confessando que te adoro", canção de José Carlos Burle e J.G. de Araújo Jorge; "Professora", samba de Benedito Lacerda e Jorge Faraj; "Choro por teu amor", samba de Castro Barbosa e Kid Pepe; e "Nunca mais", samba-canção de Roberto Martins e Jorge Faraj. Sílvio é acompanhado por diversos conjuntos: Orquestra Odeon, Choro Odeon, Conjunto Regional de Benedito Lacerda, Orquestra Copacabana, Napoleão e Seus Soldados Musicais e pela Orquestra de Napoleão Tavares. Um disco da melhor qualidade.

Sílvio Caldas, o caboclinho querido (Odeon 3034). Como a anterior, esta coleção reúne algumas das matrizes originais da mesma época. Faixas: "Por causa desta cabocla", samba de Ary Barroso e Luiz Peixoto; "Teus ciúmes", valsa de Laci Martins e Aldo Cabral; "Saudade dela", samba de Ataulfo Alves; "Até breve", samba de Cristóvão de Alencar e Ataulfo Alves; "Eu não sei", samba de Sílvio Caldas e Ataulfo Alves; "Passarinho", samba de Antônio Nássara e Hervé Cordovil; "Um caboclo abandonado", samba de Benedito Lacerda e Herivelto Martins; "Torturante ironia", valsa de Sílvio Caldas e Orestes Barbosa; "Adeus, felicidade", samba de Sílvio Caldas, Cristóvão de Alencar e Newton Teixeira; "Há um segredo em teus cabelos", valsa de Gastão Lamounier e Osvaldo Santiago; "Quanto eu sinto", samba de Alcebíades Barcelos e Armando Vieira Marçal; e "Lua triste", samba de Luís Bittencourt e Leonel Azevedo. Este e o anterior são os melhores microssulcos de Sílvio Caldas na segunda fase de sua carreira artística. Da primeira, quando gravava na Victor e na Brunswick, não há de longa duração.

Os quatro grandes (Odeon 3054). Reunião de oito antigas matrizes, sendo duas com interpretações de Sílvio Caldas: "Cigana", valsa de Romualdo Peixoto (Nonô) e Paulo Roberto, um dos mais belos números cantados por Sílvio, com acompanhamentos de Benedito Lacerda (flauta) e Nonô (piano); e "Meu limão, meu limoeiro", arranjo de José Carlos Burle sobre motivos folclóricos. As duas faixas completam muito bem os discos anteriormente comentados.

Sílvio Caldas (Continental 17). O cantor já na fase atual de sua carreira, na interpretação de números até então inéditos (aproveitamento de matrizes produzidas para discos de 78 rpm). "Cabelos cor de prata", canção de Sílvio Caldas e Rogaciano Leite; "Minha casa", canção de Joubert de Carvalho; "Não me pergunte", samba de José Maria de Abreu e Jair Amorim; "Boa noite, amor", valsa de José Maria de Abreu e Francisco Matoso; "Pastora dos olhos castanhos", samba-choro de Horondino Silva e Alberto Ribeiro; "Você voltou", samba de Nélson Souto e Antônio Carlos de Sousa e Silva; "Nunca soubeste amar", valsa de Joubert de Carvalho; e "Violões em funeral", samba de Sílvio Caldas e Sebastião Fonseca. O cantor em algumas faixas é acompanhado por Vero (pseudônimo do maestro Radamés Gnattali) e sua orquestra.

Sílvio Caldas (Columbia 35014). Números inéditos (com exceção de "Pierrô") gravados com acompanhamento de orquestra dirigida pelo maestro Renato de Oliveira ou de violões (na canção de Orestes Barbosa): "São Francisco", canção de Paulo Soledade e Vinicius de Moraes; "Turca do meu Brasil", canção de Sílvio Caldas e Orestes Barbosa; "Se eu pudesse", valsa de Gabriel Migliori e Vicente Leporace; "Perfil de São Paulo", samba de F.A. Bezerra de Menezes; "Pierrô", canção de Joubert de Carvalho e Pascoal Carlos Magno; "Mágoa", samba-canção de Hervé Cordovil e Júlio Atlas; "Jangada", samba-canção de Hervé Cordovil e Vicente Leporace; e "Vivo em paz", samba de Sílvio Caldas.

Cabelos brancos (Columbia 70001). É o melhor dos LPs recentemente gravados por Sílvio Caldas, principalmente pelos acompanhamentos do Conjunto Regional de Canhoto, composto de flauta, cavaquinho, violões, acordeão e (apenas em uma faixa) pistão. Faixas: "Cabelos brancos", samba de Marino Pinto e Herivelto Martins; "Foi uma pedra que rolou", samba de Pedro Caetano; "Saudade de você", de Sílvio Caldas e Billy Blanco; "Uma jura que fiz", samba de Ismael Silva e Noel Rosa; "Chuvas de verão", samba de Fernando Lobo; "Serra da Boa Esperança", samba de Lamartine Babo; "Compromisso com a saudade", samba de Billy Blanco; "Talento não tem idade", samba de Ataulfo Alves; "Reverso", samba de Marino Pinto e Gilberto Milfont; "Pistão de gafieira", samba de Billy Blanco; "Pastora dos olhos castanhos", samba de Horondino Silva e Alberto Ribeiro; e "Quando o samba acabou". São alguns sambas antigos, gravados anteriormente por Sílvio e por outros intérpretes, e também alguns inéditos e modernos.

Há ainda outras gravações de Sílvio Caldas em *long-playing* que poderiam ser citadas. Mas, tratando-se de uma *discoteca mínima*, limitamo-nos aos indicados.

[Recomendamos os CDs: *Sílvio Caldas* (Revivendo RVCD-013, 1991); *Orestes Barbosa – O poeta nas vozes de Francisco Alves e Sílvio Caldas* (Revivendo RVCD-049, 1993); *Acervo especial – Sílvio Caldas* (BMG-Ariola V100.020, 1993); *Mestres da MPB – Sílvio Caldas* (Warner 995960-2, 1994); *Elizeth Cardoso e Sílvio Caldas*, v. 1 e 2 (Movieplay, 1994); *O Caboclinho Querido*, série *Celebridades da MPB*, caixa com três CDs (Columbia/Sony Music 729.042/2-479195 a 729.044/2-479197, 1996); *Sílvio Caldas* (RGE 7056-2, 1997); *Bis – Sílvio Caldas* (EMI 529656-2, 2001); *A música brasileira deste século por seus autores e intérpretes – Sílvio Caldas* (Sesc São Paulo JCB-0709-086, 2003); *Sílvio Caldas "especial" (Ao vivo)* (Som Livre, 2003); *Deusa da minha rua* (Revivendo RVCD-191, 2003).]

5 – PARAGUASSU (1890-1976), nome artístico de Roque Ricciardi, paulista, descendente de italianos, é o mais antigo cantor da nossa música popular ainda em atividade. Da geração de Eduardo das Neves, Mário Pinheiro, Cadete, Geraldo e Nozinho, seu primeiro disco data de 1912, na Odeon. Cantando repertório brasileiro, de preferência as modinhas que imortalizaram Catulo, Irineu e Pedro de Alcântara, é, ele próprio, um compositor nitidamente nosso, pelo tema de suas modinhas e canções. Com mais de 70 anos de idade, sua voz ainda é capaz de entusiasmar os auditórios populares, e suas interpretações sentimentais ainda provocam aplausos sinceros.

Mágoas de um trovador (Columbia 37007). É o único disco *long-playing* que traz a voz de Paraguassu, realizado por ocasião do jubileu de ouro do cantor (50 anos de música popular). São 11 peças de sua autoria ("Lamentos", "Madrugada na roça", "Lua triste", "Porteira velha", "Madalena", "Nunca mais", "Esse boêmio sou eu", "Mágoas", "Velho monjolo", "Luar da minha terra" e "Rosário de lágrimas") e mais "Meu violão", de Petit.

[Recomendamos os CDs: *Noite enluarada* (Revivendo RVCD-056, 1994); *A música brasileira deste século por seus autores e intérpretes – Paraguassu* (Sesc São Paulo JCB-0709-019, 2000).]

6 – AUGUSTO CALHEIROS (1891-1956), nascido em Maceió, Alagoas, é um artista único no seu gênero. Vindo para o Rio de Janeiro em 1927, fazendo parte do famoso conjunto Turunas da Mauriceia, foram ele e seus companheiros (João e Romualdo Miranda, João Frazão e Manuel de Lima) que mostraram pela primeira vez ao público carioca as emboladas, os cocos e os sambas do Norte, tendo um êxito extraordinário. Em 1928, fato único, a música de maior sucesso no Carnaval foi uma autêntica embolada nordestina, o famoso "Pinião". Permanecendo nesta capital, onde faleceu, Calheiros gravou inúmeros discos em quase todas as etiquetas fonográficas. Em duração lenta deixou os seguintes:

A patativa do Norte (Odeon 3038). Gravações feitas em 1955 de alguns dos números de maior sucesso do repertório de Calheiros, antes gravados em discos comuns de 78 rpm. Faixas: "Ave-Maria", valsa de Erotides de Campos e J. Neves; "Mané Fogueteiro", samba-canção de João de Barro; "Pinião", embolada de Augusto Calheiros; "Revendo o passado", valsa de Freire Júnior; "Flor do mato", canção de Francisco Freitas e Zeca Ivo; "Chuá, chuá", canção de Pedro Sá Pereira e Ari Pavão; "Ada", valsa de Mário Ramos e Salvador Morais; e "O pequeno tururu", embolada de Luperce Miranda e Augusto Calheiros. O cantor é acompanhado em algumas faixas por orquestra, em outras por regional.

Caboclo de raça (Odeon 3040). É outra coleção de números famosos do repertório de Calheiros, gravados pouco antes de seu falecimento: "Grande é o teu amor", valsa de Sandra Roberta; "Como és linda sorrindo", valsa de Gastão Lamounier e Mário Rossi; "Quero-te cada vez mais", valsa de João de Freitas e Zeca Ivo; "Olhos de Helena", valsa de Henrique Brito e Pedro Brito; "Cantador misterioso", canção de Florêncio Santos; "Seresta do norte", canção de Manezinho Araújo e Augusto Calheiros; "Casa desmoronada", canção de Antenor Borges e Pedro Fábio; "Belezas do sertão", canção de Luperce Miranda e Augusto Calheiros; "E me deixou saudades", valsa de Artur Costa e Mílton Amaral; "Caboclo de raça", canção de Jararaca e Jerônimo Caldas; "Falando ao teu retrato", valsa-canção de Jaime Florence e De Chocolat; e "30 minutos", valsa de J. Portela e Portelo Juno. Infelizmente, os 20 números que Calheiros gravou com os Turunas da Mauriceia em 1928, na Odeon, ainda não foram passados para disco de longa duração.

Augusto Calheiros (RCA Camden 5014). Outra notável reunião de antigas matrizes da Victor, feitas de 1945 a 1950, apresentando o grande cantor nordestino nas seguintes músicas: "Senhor da floresta", samba de

René Bittencourt; "Meu ranchinho", samba de Miguel Lima; "Pisa no chão devagar", toada de Augusto Calheiros; "Fatal desilusão", valsa de Jaime Florence e Marcial Mota; "Garoto da rua", samba-canção de René Bittencourt; "Prelúdios de sonatas", valsa de César Cruz; "Célia", valsa de J.R. Resende e Augusto Calheiros; "Caboclo vingador", canção de Artur Goulart e José Colombo; "Dúvida", valsa de Luiz Gonzaga e Domingos Ramos; "Bela", valsa de Augusto Calheiros; "Adeus Pilar", toada de Augusto Calheiros; "Vida de caboclo", canção de José Luis e J. Resende.

[Recomendamos os CDs: *Augusto Calheiros* (Revivendo RVCD-017, 1992); *Acervo especial – Augusto Calheiros* (BMG-Ariola V100.050, 1994); *Audiência divina – Augusto Calheiros e Nuno Roland* (Revivendo RVCD-091, 1995); *Bis – Augusto Calheiros* (EMI 530886-2, 2000); *Augusto Calheiros (A Patativa do Norte) e os Turunas da Mauriceia* (Revivendo RVCD-250, s/d).]

7 – LUÍS BARBOSA (1910-1938), cantor carioca, foi o mais extraordinário intérprete do samba. Dono de um ritmo desconcertante, de musicalidade rara, ele transfigurava os sambas que cantava, acrescentando sua contribuição personalíssima. Introduziu o chapéu de palha como instrumento de percussão no rádio e no disco. Faleceu cedo, gravou apenas cerca de 20 discos. Em *long-playing*, há apenas três faixas trazendo a voz e a arte inimitáveis de Luís Barbosa.

Noel Rosa e sua turma da Vila (Odeon 3041). Disco já comentado na primeira parte desta discografia, na parte referente a Noel Rosa (pp. 118-119). A Odeon, que não tinha matrizes suficientes para lançar uma coleção apenas de Noel Rosa, completou o disco com outras de João Petra e Luís Barbosa. Do último, são as seguintes faixas: "Sou jogador", samba de Luís Barbosa; "Bumba no caneco", samba de Getúlio Marinho (Amor) e Orlando Viana; e "Um sorriso igual ao teu", samba de Kid Pepe e Germano Augusto Coelho. Apesar de não serem as melhores gravações de Luís Barbosa, dão uma ideia da arte do cantor. A Odeon e a Victor, que possuem todas as matrizes do inconfundível intérprete, estão na obrigação de reeditá-las em *long-playing*, preservando assim a contribuição inestimável daquele que foi o maior artista do samba carioca.

[Recomendamos o CD: *Gosto que me enrosco – Mário Reis/Luiz Barbosa* (Revivendo RVCD-036, 1993).]

8 – MOREIRA DA SILVA (1902-2000), cantor carioca, é outra grande personalidade. Apareceu em 1932, cantando os sambas em estilo lamento, tal como são apresentados nas escolas de samba; passou depois ao pitoresco e ao anedótico. Buscando a inspiração para os seus sambas nas gafieiras e delegacias, fazendo deles verdadeiros retratos vivos de uma certa classe da nossa população, sabendo surpreender as situações mais divertidas ou curiosas, sua galeria de tipos é hoje vastíssima. Algumas das melhores criações do cantor podem ser encontradas em discos *long-playing*.

Museu de cera (Continental 20). Um disco precioso, que reproduz as matrizes originais do cantor Antônio Moreira da Silva, justamente as duas que serviram para o seu disco de estreia: "Vejo lágrimas", samba de Osvaldo Vasques e Ventura; e "Arrasta a sandália", samba de Osvaldo Vasques e Aurélio Gomes. Primitivamente foram apresentados em disco Columbia e lançados para o Carnaval de 1933.

O tal e seus grandes sucessos (Santa Anita 1001). Novas gravações de sucessos anteriormente registrados em discos de 78 rpm por Moreira da Silva: "Acertei no milhar", samba de Wilson Batista e Geraldo Pereira; "Noiva da gafieira", samba de Ludovico Guimarães e Valdemar Pujol; "Bamba de Caxias", samba de Moreira da Silva e Ribeiro Cunha; "Falso gaiato", samba de Lourival Ramos, Jorge Gonçalves e Moreira da Silva; "Copa Roca", samba de Lourival Ramos e Moreira da Silva; "Na subida do morro", samba de Moreira da Silva e Ribeiro Cunha; "Não sou mais aquele", samba de Moreira da Silva; e "Amigo urso", samba de Henrique Gonzales.

O último malandro (Odeon 3058). Em 1958, a Odeon descobriu Moreira da Silva, que parecia não mais interessar às nossas gravadoras, mais preocupadas em lançar o falso estilo cultivado nas boates e nos clubes noturnos, as produções de autores sofisticados e sem autenticidade. Para surpresa dos dirigentes da veterana gravadora, mas não daqueles que acompanham com atenção as coisas da nossa música popular, o disco foi dos mais vendidos do ano. Em *O último malandro*, como no disco anterior, o cantor reapresenta seus sucessos anteriormente gravados: "Que barbada", samba de Valfrido Silva, Moreira da Silva e Jucata; "Amigo urso", samba de Henrique Gonzales; "Vara criminal", samba de Moreira da Silva; "Olha o Padilha", samba de Ferreira Gomes, Bruno Gomes e Moreira da Silva; "Dormi no molhado", samba de Moreira da Silva; "Dona história, com licença" (antes apresentado como "Entrevista"), samba de Moreira da

Silva; "Jogando com o capeta", samba de Moreira da Silva e Ribeiro Cunha; "Acertei no milhar", samba de Wilson Batista e Geraldo Pereira; "Na subida do morro", samba de Moreira da Silva e Ribeiro Cunha; "Averiguações", samba de Wilson Batista; "Esta noite eu tive um sonho", samba de Wilson Batista e Moreira da Silva; e "Chang-lang", samba de Moreira da Silva e Ribeiro Cunha. O cantor é acompanhado por orquestra que executa excelentes arranjos do maestro Oswaldo Gogliano (Vadico).

A volta do malandro (Odeon 3096). Antigos sucessos regravados e números novos apresentados por Moreira da Silva com orquestra dirigida pelo maestro Osvaldo Borba: "Gago apaixonado", samba de Noel Rosa; "Bamba de Caxias", samba de Moreira da Silva e Ribeiro Cunha; "Pé e bola", samba de Valdemar Pujol e Moreira da Silva; "Filmando na América", samba dos mesmos autores; "Laranja tem vitamina", samba de Moreira da Silva; "Meu pecado", samba de Lupicínio Rodrigues e Felisberto Martins; "Cidade lagoa", samba de Cícero Nunes e Sebastião Fonseca; "Fui ao Japão", samba de Zé Ferreira e Moreira da Silva; "Mironga e Gronga", samba de Moreira da Silva, Nélson Santos e Talismã; "Juraci", samba de Antônio Almeida e Ciro de Sousa; "Pesadelo", samba de Moreira da Silva; e "Zé Carioca", samba de Zé da Zilda.

Compre este disco (Odeon 1093). Moreira da Silva em um LP de 45 rpm com três sambas inéditos: "Burocracia", de Cícero Nunes e Sebastião Fonseca; "Compre este disco", dos mesmos autores; "Malandro manhoso", de Barros Filho e Moreira da Silva; e um já apresentado no LP acima, "Gago apaixonado", de Noel Rosa.

Embora alguns números estejam repetidos, as matrizes são diferentes, com exceção de "Gago apaixonado". Os quatro discos acima constituem a discografia completa de Moreira da Silva em longa duração.

[Recomendamos os CDs: *Moreira da Silva especial* (EMI-Odeon 795660-2, 1991); *Moreira da Silva fotografa o Rio* (EMI-Odeon 827256-2, 1993); *Mestres da MPB – Moreira da Silva* (Warner 995383-2, 1994); *Os 3 Malandros in concert* (CID 114.263, 1995); *Raízes do samba – Moreira da Silva* (EMI 522173-2, 1999); *Moreira da Silva*, série *RCA 100 anos de música* (BMG, 2001); *O último dos moicanos*, série *Odeon 100 anos* (EMI-Odeon, 2002); *50 anos de samba de breque* (CID, 2003); *O último malandro*, série *Odeon 100 anos* (EMI-Odeon, 2003).]

9 – JORGE FERNANDES (1907-1989), carioca, arquiteto e escultor, é o grande intérprete das canções e valsas românticas e, também, da música popular baseada em motivos folclóricos. Sendo um veterano (o primeiro disco de Jorge de Oliveira Fernandes é de 1928), o cantor mantém ainda hoje a mesma excelente voz de outros tempos e ainda mais apurada sensibilidade.

Essa nega Fulô! (Sinter 1036). Reunião de oito ótimas interpretações de Jorge Fernandes: "Essa nega Fulô", de Waldemar Henrique e Jorge de Lima, "Querer bem não é pecado", de Oswaldo de Sousa, "Abaluaiê", de Waldemar Henrique, "Rolete de cana", de Osvaldo Santiago e Dilu Melo, "Senhora dona Sancha", de Gastão Vieira e Waldemar Henrique, canções; "Cabelos cor de prata", de Sílvio Caldas e Rogaciano Leite, e "Violões em funeral", de Sílvio Caldas e Sebastião Fonseca, sambas; e "Baianinha", batuque de Babi de Oliveira.

Sobre Jorge Fernandes: ver o item 17 da primeira parte desta discografia (p. 126). Há, ainda, dois *long-playings* do cantor.

[Recomendamos o CD: *Francisco Alves – Jorge Fernandes – Gastão Formenti* (Revivendo RVCD-014, 1992).]

10 – ALMIRANTE. HENRIQUE FORÉIS DOMINGUES (1908-1980), o extraordinário Almirante, cantor e compositor dos melhores da nossa música popular, é carioca. Aparecendo à frente do Bando de Tangarás, conjunto que reunia alguns dos melhores valores do disco, logo o cantor passou a estudar e investigar tudo que se relacionasse com a nossa música e os nossos ritmos, tornando-se a grande autoridade no assunto. Como cantor, Almirante está presente no seguinte disco:

A maior patente do rádio (Sinter 1058). Reunião de oito músicas anteriormente gravadas em discos de 78 rpm, pelo próprio Almirante: "Faustina", samba-choro de Gadé; "João da Conceição", samba-choro de Jorge Nóbrega; "Apanhei um resfriado", samba-choro de Leonel Azevedo e Sá Róris; "Olha o grude formado", samba-choro de Gadé; "Vou me casar no Uruguai", samba-choro de Gadé e Valfrido Silva; "Que barulho é esse?", samba-choro dos mesmos autores; "Tudo em LP", samba-choro de Jorge Nóbrega e Ângelo Delarte; e "Levei um bolo", samba-choro de Pedro Caetano e Claudionor Cruz.

Almirante pode ainda ser ouvido em faixas avulsas dos discos *Carnaval da Velha Guarda* e *Festival da Velha Guarda*, ambos da Sinter. Infelizmente, não há gravações em longa duração reproduzindo os antigos sucessos de Almirante à frente do Bando de Tangarás, de suas emboladas e de seus jongos admiravelmente gravados em 78 rpm em discos Parlophon, Victor e Odeon.

11 – LENITA BRUNO (1926-1987), cantora que se situa entre a música erudita e a popular, está presente em *long-playing* da melhor qualidade:

Modinhas fora de moda (Festa 6003). Incursão na música popular de alguns autores cultos e harmonização de antigas cantigas e modinhas populares realizadas por algumas das maiores figuras da nossa música. "Feliz iniciativa, sobre todos os pontos de vista, artístico e documentário", escreveu Heitor Villa-Lobos sobre *Modinhas fora de moda*. Faixas: "Cantigas", de Alberto Nepomuceno e Branca Colaço; "Casinha pequenina", motivo popular, harmonização de Leo Peracchi; "Se os meus suspiros pudessem", harmonização de Batista Siqueira; "Hei de amar-te até morrer", modinha imperial, harmonização de Mário de Andrade; "Canção da felicidade", de Barroso Neto e Nosor Sanchez; "Lundu da marquesa de Santos", de Heitor Villa-Lobos e Viriato Correia; "Conselhos", de Carlos Gomes e letra de poeta que se esconde sob o pseudônimo de Velho Experiente; "Foi numa noite calmosa", harmonização de Luciano Gallet; "Cantiga", de Barroso Neto e Luiz Guimarães; "Róseas flores da alvorada", harmonização de Mário de Andrade; "Modinha", de Jaime Ovalle e Manuel Bandeira; "Trovas", de Alberto Nepomuceno e letras de Osório Duque Estrada e Magalhães de Azevedo.

[Recomendamos os CDs: *Por toda a minha vida*, edição histórica, série *Luxo* (Festa/Tratore IG 0004, 1999); *Modinhas fora de moda*, edição histórica, série *Luxo* (Festa IG 1006, s/d).]

12 – VICENTE CELESTINO (1894-1968) nasceu em modesta residência da rua Paraíso, no bairro de Santa Teresa, no Rio de Janeiro. É um dos veteranos da música popular brasileira ainda em atividade. Seu primeiro disco, gravado em 1916 para a Odeon, reunia "Flor do mal" e "Os que sofrem" (121052-3), logo seguido de outro, com "Por que fui poeta" e "Aos pés da cruz" (Odeon 121376-7). Dono de bela e poderosa voz, Vicente conserva ainda hoje o estilo dos seresteiros, fiel a uma época, intérprete sem par das canções de Catulo e de Anacleto. Como tal deve ser estudado, embora o gosto duvidoso de certas interpretações suas tenha provocado comentários pouco favoráveis. Em disco *long-playing*, além do dedicado a Catulo e constante da primeira parte desta discografia (pp. 113-114), podemos indicar os seguintes:

Vicente Celestino em suas canções célebres - v. 1 (RCA Victor 3042). O tenor interpreta antigos sucessos gravados em discos de 78 rpm: "O ébrio", canção de Vicente Celestino; "Rasguei o teu retrato", tango-canção de Cândido das Neves (Índio); "Castelos de areia", valsa, e "Noite cheia de estrelas", tango, ambas do mesmo autor. Na face B, são encontradas quatro composições do próprio Celestino: "Coração materno", "Patativa", "Porta aberta" e "Ouvindo-te", canções.

Vicente Celestino em suas canções célebres - v. 2 (RCA Victor 1000). Como o anterior, coleção dos maiores sucessos do cantor: "Primeiro amor", canção, "Quero voltar", canção feita em parceria com Custódio Mesquita e Sadi Cabral, "Altar de lama", com letra de Orestes Barbosa, "Serenata", canção, "Mia Gioconda", canção, "Sangue e areia", valsa, e "Terra virgem", canção, estas duas com letra de Mário Rossi, todas de autoria de Vicente Celestino; "Em delírio", canção, "Abismo de amor", valsa, e "Nênias", canção, as três de Cândido das Neves; "Cinzas no coração", valsa de André Filho; e "Dois estranhos", bolero de Roberto Roberti e Arlindo Marques Júnior.

Os dois discos de Vicente Celestino são regravações, e não aproveitamento de antigas matrizes. Com suas canções sentimentais e ao gosto do grande público, o artista é, ainda hoje, um dos recordistas na vendagem de discos, sendo exclusivo da RCA Victor desde 1935.

[Recomendamos os CDs: *Vicente Celestino* (Revivendo RVCD-007, 1991); *In memoriam – Vicente Celestino* (BMG-Ariola M10.128, 1993); *Noite cheia de estrelas* (Revivendo RVCD-044, 1994); *Catulo da Paixão Cearense nas vozes de Paulo Tapajós e Vicente Celestino* (Revivendo RVCD-069, 1994); *Vicente Celestino*, série Aplauso (BMG 7432133809-2, 1996); *Vicente Celestino*, v. 1 a 6 (Revivendo RVCD-185 a 190, 2003); *Vicente Celestino em suas canções célebres*, série RCA 100 anos de música (BMG, 2003).]

13 – CLARA PETRAGLIA (?), jovem cantora paulista, depois de estudar piano, violino e harpa, tornou-se uma apaixonada dos nossos ritmos populares e folclóricos. Após percorrer os Estados Unidos e o Chile, quando realizou conferências sobre a nossa música, que ela própria ilustrou, passou a gravar preciosas coleções contendo algumas das obras-primas do nosso cancioneiro popular.

Canções do Brasil (Westminster-Sinter 5707). Clara Petraglia, acompanhando-se ao violão, canta os seguintes números: "Batuque", documento musical da Guerra dos Palmares, recolhido por Stefana de Macedo; "Leilão", cenas coloniais, música de Hekel Tavares, letra de Joracy Camargo; "Toieras", chula da Bahia, recolhida por Luciano Gallet; "Tirana", música de Xisto Bahia, letra de Castro Alves; "Gibi bacurau", coco sobre motivo da Bahia, recolhido por Carolina Cardoso de Menezes; "Se fores ao rio Roxo", virado de Sá Emilinha, recolhido em Sabará, por Waldemar Henrique; "Violeiro da estrada", tirana da Bahia, harmonização de Waldemar Henrique; "O que ouro não arruma", tema folclórico harmonizado por Waldemar Henrique; "Festa", canção de Hekel Tavares, com letra de Luiz Peixoto; "Dança de caboclo", coco harmonizado por Hekel Tavares; "Azulão", canção de Jaime Ovalle com letra de Manuel Bandeira; "Banho de cheiro", cena de Oswaldo de Sousa; "Viola quebrada", modinha de Mário de Andrade (mais conhecida como "A Marocas, do Mário de Andrade"); "Boi Tungão", coco recolhido por Luciano Gallet e harmonizado por Waldemar Henrique; "Bambalelê", tema folclórico harmonizado por Luciano Gallet; "A mulata", canção de Xisto Bahia com letra de Melo Morais Filho; "Meu limão, meu limoeiro", tema folclórico; e "No jardim de Oeira", ponto ritual de macumba, harmonizado por Waldemar Henrique.

Canções do Brasil - v. 2 (Westminster-Sinter 5708). Outra excelente gravação de Clara Petraglia, reunindo as seguintes peças: "Coco da minha terra", música de Hekel Tavares e letra de Jorge d'Altavila; "Azulão", música de Hekel Tavares e letra de Luiz Peixoto; "Pingo de água", canção nordestina em arranjo de Oswaldo de Sousa; "Morena, morena", modinha recolhida por Friedenthal, no Paraná, harmonização de Clara Petraglia; "Meu barco é veleiro", coco de Hekel Tavares e letra de Olegário Mariano; "Destino de areia", música de Oswaldo de Sousa e letra de Cássio M'Boy; "Regina", tema folclórico do Cariri, Ceará, recolhido e harmonizado por Silva Novo; "Rolinha", chula marajoara, harmonizada por Waldemar Henrique; "Prenda minha", tema folclórico do Rio Grande do Sul, harmonização de Clara Petraglia; "Pregões cariocas", de Carlos Braga (João de Barro); "Maringá", canção de Joubert de Carvalho; "Esconde esses teus olhos", canção de Oswaldo de Sousa; "Amor", canção recolhida por J.B. Guimarães e harmonizada por Clara Petraglia; "Batuque", tema folclórico de São Paulo, arranjo de Maria Rosa Lobo; "O que eu queria dizer ao seu ouvido", canção de Hekel Tavares e letra de Mendonça Júnior; "Amor-perfeito", lundu recolhido por J.B. Guimarães e harmonizado por Clara Petraglia; e "Iaiá, você quer morrer", lundu de Xisto Bahia.

14 – ORLANDO SILVA (1915-1978), carioca do Engenho de Dentro, é o cantor brasileiro que maior popularidade alcançou. Excelente intérprete das canções sentimentais de Cândido das Neves, de J. Cascata e de Leonel Azevedo, criador do popular "Carinhoso", quando o famoso choro de Pixinguinha foi, pela primeira vez, apresentado com letra de João de Barro, Orlando é ainda um dos melhores cultores do samba e da marchinha carnavalesca. Em disco *long-playing*, o cantor está bem representado pelos seguintes:

O cantor das multidões (RCA Victor 3028). Aproveitamento das matrizes originais de alguns dos maiores sucessos de Orlando Silva, gravados na melhor fase da sua carreira artística, nos últimos anos da década de 1930. Faixas: "Mágoas de caboclo", canção de Leonel Azevedo e J. Cascata; "Curare", choro estilizado de Bororó; "Rainha da beleza", samba de Ataulfo Alves e Jorge Faraj; "Número um", valsa de Benedito Lacerda e Mário Lago; "Última estrofe", canção de Cândido das Neves; "Por ti eu me rasgo todo", tango de Francisco Canaro, cantado no original e, depois, com versão de Osvaldo Santiago; "Naná", fox de Geysa Boscoli e Custódio Mesquita; e "Rosa", valsa de Pixinguinha. É sem dúvida a melhor gravação de Orlando Silva em disco de longa duração.

Carinhoso (RCA Victor 1009). Regravações feitas em 1958 de alguns dos maiores sucessos de Orlando Silva. Era pensamento dos dirigentes da RCA Victor aproveitar as antigas matrizes das diversas músicas, tal como fizeram no disco anteriormente comentado, mas tal não veio a acontecer. Se a parte técnica lucrou com isso, a artística foi prejudicada, pois o cantor, com o correr dos anos, sentiu o peso do tempo e não consegue hoje reeditar da mesma maneira os antigos números de seu repertório. Faixas: "Carinhoso", choro de Pixinguinha e João de Barro; "Lágrimas", valsa de Cândido das Neves; "Mágoas de caboclo", canção de Leonel Azevedo e J. Cascata; "Amigo leal", samba de Benedito Lacerda e Aldo Cabral; "Súplica", valsa de Otávio G. Mendes, José Marcílio e Déo; "Rosa", valsa de Pixinguinha; "Lábios que beijei", valsa de J. Cascata e Leonel Azevedo; "Juramento falso", samba dos mesmos autores; "Aliança partida", valsa de Benedito Lacerda e Roberto Martins; "Aos pés da cruz", samba de Marino Pinto e José Gonçalves (Zé com

Fome ou Zé da Zilda); "Sinhá Maria", canção de René Bittencourt; e "A jardineira", marcha de Benedito Lacerda e Humberto Porto. Interessante fazer um paralelo entre as gravações de "Mágoas de caboclo", feita em maio de 1936, e "Rosa", de maio de 1937 (ambas constantes no disco *O cantor das multidões*), com as atuais.

Última estrofe (RCA Victor 1046). Como o anterior, regravações (1959) de antigos sucessos de Orlando Silva. Faixas: "Última estrofe", canção de Cândido das Neves; "Neusa", valsa de Antônio Caldas e Celso Figueiredo; "Meu romance", samba de J. Cascata; "Nada além", fox-canção de Custódio Mesquita e Mário Lago; "Céu moreno", canção de Uriel Lourival; "Sertaneja", canção de René Bittencourt; "Número um", valsa de Benedito Lacerda e Mário Lago; "Caprichos do destino", valsa de Pedro Caetano e Claudionor Cruz; "Curare", choro de Bororó; "Em pleno luar", fox-canção de Joubert de Carvalho; "Páginas de dor", valsa de Pixinguinha e Cândido das Neves; e "Coqueiro velho", samba-canção de Fernandinho J. Marcílio.

[Recomendamos os CDs: *A voz de Orlando Silva* (Discos Marcus Pereira/ EMI 10058-1/2, s/d]; *Orlando Silva* (Revivendo RVCD-002, 1990]; *Canção do amor que eu lhe dou* (Revivendo RVCD-038, 1993]; *Linda flor que morreu* (Revivendo RVCD-039, 1993]; *Acervo especial – Orlando Silva* (BMG-Ariola V100.025, 1993]; *Quero beijar-te ainda* (Revivendo RVCD-066, 1994]; *Jornal de ontem* (Revivendo RVCD-072, 1994]; *O Cantor das Multidões*, caixa com três CDs (BMG 7432123238-2, 1995]; *No tempo do rádio*, v. 1 a 4 (Revivendo RVCD-115 a 118, 1997]; *Preferência nacional – Orlando Silva* (EMI 496200-2, 1998]; *Bis – Orlando Silva* (EMI 529650-2, 2000]; *Carinhoso* (BMG/RCA, 2001]; *Orlando Silva*, série *RCA 100 anos de música* (BMG 7432188889-2, 2001]; *Sempre sucesso!* (BMG 7432191314-2, 2002]; *A música brasileira deste século por seus autores e intérpretes – Orlando Silva* (Sesc São Paulo JCB-0709-097, 2003].]

15 – INEZITA BARROSO (1925], cantora paulista, é intérprete das canções com motivos folclóricos, das modinhas e mesmo dos sambas cariocas. Possuidora de ampla e bela voz, é uma infatigável estudiosa dos nossos ritmos e melodias, que ela colhe em suas andanças por todo o Brasil. Residindo na capital de seu estado, Inezita Barroso é hoje figura das mais admiradas em toda parte, pelas suas

magníficas interpretações e pela sua fina sensibilidade.

Inezita Barroso (Copacabana 3005). Com acompanhamentos feitos pela Orquestra de Hervé Cordovil, a cantora interpreta os seguintes números: "Prece a são Benedito", canção de Hervé Cordovil, com o coro dos Titulares do Ritmo; "Banzo", canção de Hekel Tavares e Murilo Araújo; "Seleção de canções, com Nana Nanana", de Hekel Tavares, Manuel Bandeira e Ribeiro Couto; "Papai curumiassu", de Hekel Tavares; "Sapo-cururu", de Dilu Melo; "Fiz a cama na varanda", de Dilu Melo e Ovídio Chaves; e "Funeral de um rei nagô", de Hekel Tavares e Murilo Araújo. Na face B, encontramos os seguintes números: "Maria Júlia", tema ouvido por Inezita no interior de São Paulo, com acompanhamentos de viola, violão e sanfona; "Viola quebrada", modinha de Mário de Andrade; "Minero tá me chamando", do folclore mineiro, recolhido por Zé do Norte, com acompanhamento de viola, por Torrinha, e sanfona; e "Tirana de Vila Nova", tema do interior baiano, recolhido por Waldemar Henrique.

Vamos falar de Brasil (Copacabana 11016). Inezita Barroso é acompanhada pela Orquestra e Coro da Rádio Record de São Paulo, sob a direção de Hervé Cordovil. Arranjos de Hervé e, em alguns números, Regional de Miranda e violão de Inezita. Faixas: "Retiradas", inspirada em motivo de aboio nordestino, por Oswaldo de Sousa; "Peixe vivo", motivo mineiro recolhido e adaptado por Rômulo Paes e Henrique de Almeida; "Engenho novo", tema folclórico do Nordeste, adaptado por Hekel Tavares; "Zabumba de nego", jongo de Hervé Cordovil; "Lampião de gás", de Zica Bergami; "Ismália", poesia de Alphonsus de Guimaraens, musicada por Lourenço Barbosa (Capiba); "Festa do congado", de Juraci Silveira, cena do interior de Minas Gerais; "Temporal", de Paulo Ruschel; "Lua, luá", cantiga de feira, de Catulo de Paula; "Azulão", canção de Jaime Ovalle e Manuel Bandeira; "Seresta", canção de Georgina Melo Erismann; e "Moda da pinga", com os versos da "Marvada pinga".

Inezita apresenta (Copacabana 11029). Como no anterior, a cantora se apresenta com acompanhamentos da Orquestra e Coro da Rádio Record, sob a direção de Hervé Cordovil. Participação dos Titulares do Ritmo e Regional de Miranda. Inezita interpreta músicas de cinco compositoras brasileiras. De Babi de Oliveira, baiana de São Salvador: "Seresta da saudade", com versos de Mário Faccini; "Maria Macambira", canção com letra de Orádia de Oliveira; e "Caboclo do rio", canto de trabalho dos barqueiros do rio São Francisco. De Juraci Silveira, mineira de Guaxupé: "Lamento", com arranjo para vozes de Francisco Nepomuceno de Oliveira; "Adeus, Minas Gerais", toada; e "Sodade de Luanda", canção. De Zica Bergami, paulista de Ibitinga: "O bateiro", sobre um pregão paulistano; e "Chuvarada", canção. De Leyde Olivé, mineira de Uberaba: "Rainha ginga", sobre tema de congada recolhido em Socorro, São Paulo; "Batuque", sobre tema de batuque paulista; e "Recado", samba-choro. De Edvina de Andrade, paulista de São João da Boa Vista: "Cateretê", cena paulista; "Conversa de caçador", cantiga; e "O carro tombou", toada. Das cinco compositoras apresentadas por Inezita, apenas era conhecida Babi de Oliveira, através das interpretações do cantor Jorge Fernandes.

Festa de Reis (Copacabana 4579) é um EP de 45 rpm em que Inezita Barroso se apresenta com o Coral de Ouro e a Orquestra de Hervé Cordovil. Na face A: "Folia de Reis", recolhido por Hervé Cordovil e Duo Brasil Moreno. Na face B: "A queima da Lapinha", trecho cantado durante a "Jornada da Lapinha", que faz parte do bailado *Pastoril*, do Nordeste, hoje quase desaparecido, recolhido por Eustórgio Vanderlei; "Entrai, pastorinhas", loa de origem portuguesa do século XVIII, muito divulgada no Nordeste por ocasião do Natal e que faz parte do *Auto do pastoril*.

Há outros discos de longa duração gravados pela cantora Inezita Barroso.

[Recomendamos os CDs: *Seleção de ouro*, série *Memória da música brasileira* (Movieplay, 1992); *Alma brasileira* (Copacabana 99333, 1993); *Voz e viola* (RGE 6526-2, 1996); *Caipira de fato* (RGE 6545-2, 1997); *Inezita Barroso*, série *Raízes sertanejas* (EMI 496735-2, 1998); *Inezita Barroso*, série *Raízes sertanejas v. 2* (EMI 523603-2, 1999); *Sou mais Brasil* (CPC-UMES CPC 029, 1999); *A música brasileira deste século por seus autores e intérpretes – Inezita Barroso* (Sesc São Paulo JCB-0709-045, 2000); *Perfil de São Paulo* (Inter Records R 33020, 2000); *Hoje lembrando* (Trama T006/642-2, 2003); *Ronda* (Revivendo RVCD-241, 2005); *Sonho de caboclo* (Independente, 2009).]

16 – ARACY DE ALMEIDA (1914-1988), carioca do Encantado, é a maior cantora de sambas em atividade, considerando-se que Araci Cortes e Marília Batista, que com ela poderiam rivalizar, estão hoje afastadas das lides artísticas. Descoberta e lançada nos meios fonográficos por Custódio Mesquita e

Noel Rosa, foi a grande divulgadora do compositor de Vila Isabel. Em discos de longa duração, a cantora está representada pelos seguintes:

Aracy de Almeida, o samba em pessoa (RCA Camden 5026). Doze das primeiras músicas gravadas pela sambista do Encantado, em suas matrizes originais. A mais antiga é de 01.07.1937; a mais moderna, de 20.01.1942. Faixas: "Tenha pena de mim", de Ciro de Sousa e Babaú; "O que foi que eu fiz", de Ciro de Sousa; "Século do progresso", de Noel Rosa; "Com razão ou sem razão", de David Nasser e Ari de Almeida; "Camisa amarela", de Ary Barroso; "Rapaz folgado", "Último desejo", "O maior castigo que eu te dou" e "Eu sei sofrer", todos de Noel Rosa; "Quem mandou coração", de Roberto Martins e Jorge Faraj; "Fez bobagem", de Assis Valente; "Qual o que", de Antônio Almeida. Na maioria das vezes, Aracy é acompanhada pelo conjunto orquestral Diabos do Céu, dirigido por Pixinguinha, que também fazia as diversas orquestrações.

Sucessos de Aracy de Almeida (Continental 40). Regravação de oito dos maiores êxitos da cantora, anteriormente apresentados em discos Victor e Odeon. Faixas: "Tenha pena de mim", de Ciro de Sousa e Babaú; "Camisa amarela", de Ary Barroso; "Não me diga adeus", de Paquito, Luís Soberano e João Corrêa da Silva; "Fez Bobagem", de Assis Valente; "Desde ontem", de Fernando Lobo; "Até o amargo fim", de Newton Teixeira e David Nasser, e "Saia do meu caminho", de Custódio Mesquita e Evaldo Rui, sambas; e "Mamãe baiana", canção de Xerém e Joracy Camargo. Aracy de Almeida é acompanhada por orquestra.

O samba em pessoa (Polydor 4014). Sambas tradicionais gravados em 1958 e cantados pela primeira vez por Aracy de Almeida. Os acompanhamentos são feitos por um conjunto de estúdio que tomou o nome de Turma da Vila. Não foram feitas orquestrações escritas, e as introduções e o andamento dos diversos números foram rigorosamente conservados. Faixas: "Batente", de Almirante; "Adeus", de Ismael Silva, Noel Rosa e Francisco Alves; "Minha cabrocha", de Lamartine Babo; "Caco velho", de Ary Barroso; "Teleco-teco", de Murilo Caldas e Marino Pinto; "Passarinho, passarinho", de Lamartine Babo; "Eu vou pra Vila", de Noel Rosa; "Arrependido", de Ismael Silva, Nilton Bastos e Francisco Alves; "Vitória", de Romualdo Peixoto e Noel Rosa; "Para me livrar do mal", de Ismael Silva e Noel Rosa; "Tristezas não pagam dívidas", de Manuel Silva; e "É batucada", de J.L. Morais, Caninha e Visconde de Bicoíba, todos sambas. É um dos melhores discos cantados do samba carioca. Há, ainda, o disco dedicado a Noel Rosa, interpretado por Aracy, que se encontra na primeira parte desta discografia.

Samba, com Aracy de Almeida (Philips 630410). Onze sambas inéditos: "Pra que", de Alcebíades Nogueira e Colombo; "A verdade dói", de Vadico; "Dói... dói... dói", de João Melo; "De modo algum", de Marino Pinto e Aloísio Barros; "Chorando pedia", de Vinicius de Moraes; "Suspiro", de Noel Rosa; "Brotinho bossa-nova", de João Roberto Kelly; "Mulher de boêmio", de Alcebíades Nogueira e Ari Monteiro; "Não", de Carlos Monteiro de Sousa e Alberto Paz; "Não levo nada, não", de Raimundo Olavo; "E daí", de Miguel Gustavo. E mais o conhecido: "Onde está a honestidade?", de Noel Rosa, gravado primitivamente pelo próprio autor. São sambas, em sua maioria, em estilo moderno, mas conservando as suas características marcantes de ritmo e melodia. Aracy canta com pequeno conjunto dirigido por Monteiro de Sousa, também o arranjador dos diversos números.

[Recomendamos os CDs: *Orlando Silva, Carmen Barbosa e Aracy de Almeida* (Revivendo RVCD-012, s/d); *Noel Rosa por Aracy de Almeida e Mário Reis* (Revivendo RVCD-027, 1993); *In memoriam – Aracy de Almeida* (BMG/RCA, 1993); *Mestres da MPB – Noel Rosa/Araci de Almeida* (Warner 995959-2, 1993); *Mestres da MPB – Aracy de Almeida v. 2* (Warner 06310776-2, 1994); *Sambistas de fato – Cyro Monteiro/Aracy de Almeida* (Revivendo RVCD-053, 1995); *Aracy de Almeida*, série *Enciclopédia musical brasileira*, n. 25 (Warner 857381814-2, 2000); *O samba em pessoa*, série *RCA 100 anos de música* (BMG/RCA 7432188347-2, 2001); *A música brasileira deste século por seus autores e intérpretes – Aracy de Almeida* (Sesc São Paulo JCB-0709-040, 2001); *Noel Rosa*, série *Arquivos Warner*, por Aracy de Almeida, arranjos de Radamés Gnattali, Vadico e Francisco Sergi (Warner 8092746708-2, 2002); *Samba é Aracy de Almeida* (Elenco/Universal Music, 2003); *Aracy de Almeida – Ao vivo e à vontade*, coleção *As divas*, gravado no Teatro Lira Paulistana (São Paulo) em 1980 (Warner, 2006); *Warner 30 anos – Aracy de Almeida* (Warner 5051011343926, 2006).]

17 – JORGE VEIGA (1910-1979), outro excelente sambista carioca, do Engenho de Dentro, especializou-se no samba malandro e anedótico, gênero no qual só encontra rival em Moreira da Silva. Mas também sabe cantar um samba-canção, como o notável "Para esquecer", e até as modinhas de

Orestes Barbosa e Sílvio Caldas, estas somente nas reuniões íntimas.

Jorge Veiga (Copacabana 2027). Com pequeno conjunto, o cantor interpreta os seguintes números: "Quando o divórcio chegar", samba, "Boca de siri", samba, e "Cobra macho", coco-baião, todos de Gordurinha; "Boemia", samba de Zé Violão e Jorge Veiga, e "Sambista no céu", dos mesmos autores; "Cosme e Damião", samba de Wilson Batista e Jorge de Castro; "É sempre o papai", baião, e "Café soçaite", samba, ambos de Miguel Gustavo.

Alô alô! Canta Jorge Veiga (Copacabana 11052). Outra ótima coleção de sambas maliciosos e anedóticos: "Quem sou eu?", samba de Gordurinha; "Garota de Copacabana", choro de Zé da Zilda; "Baile da piedade", samba-choro de Raul Marques e Jorge Veiga; "Nega Zura", choro de Zé da Zilda; "Conversa de botequim", de Vadico e Noel Rosa; "Perdeu-se uma valise", samba de Daniel Lustosa e Jorge Veiga; "Mulher malandra", samba de Zé da Zilda; "Sambista no céu", samba de Zé Violão e Jorge Veiga; "Acertei no milhar", samba de Wilson Batista e Geraldo Pereira; "Baile de choro", choro de Zé Violão e Alípio Rangel; "Anúncio", samba de Bené Machado; e "Noiva da gafieira", samba de Domingos Ludovic, Guimarães Santos e Valdemar Pujol.

Jorge Veiga, que iniciou sua carreira profissional em 1943, por interferência de Aracy de Almeida e Fernando Lobo, é hoje um dos mais populares cantores da nossa música.

[Recomendamos os CDs: *Mestres da MPB – Jorge Veiga/Cyro Monteiro* (Warner 450998228-2, 1995); *Raízes do samba – Jorge Veiga* (EMI 523119-2, 1999); *O caricaturista do samba*, série *RCA 100 anos de música* (RCA 7432188358-2, 2001).]

18 – STELINHA EGG (1914-1991) nasceu em Curitiba, estado do Paraná. Como Stefana de Macedo e Elisinha Coelho no passado, é uma especialista em canções regionais, muitas delas baseadas em temas folclóricos. Seu vasto repertório apresenta músicas do Sul e do Norte, sempre valorizadas pelas interpretações da cantora, em geral apresentadas com excelentes arranjos do maestro Lindolfo Gaya, marido da artista. Em longa duração, Stelinha está bem representada pelos seguintes discos:

Músicas do nosso Brasil (RCA Victor 3022). É a primeira coletânea em 33 rpm realizada por Stelinha Egg e contém os seguintes números: "Luar do sertão", canção de Catulo da Paixão Cearense (no disco não aparece a coautoria de João Pernambuco); "Prenda minha", baião sobre motivos do folclore, de Stelinha Egg; "Recado a Iemanjá", toada-baião de Roskilde e Stelinha Egg; "O vento", canção praieira, "A lenda do Abaeté", batuque, e "O mar", canção, de Dorival Caymmi; "Baião de Diamantina" ("Peixe vivo"), sobre motivos folclóricos recolhidos por Henrique de Almeida e Rômulo Paes; e "Lamento negro", baseado em motivos de macumba, de Secundino e Humberto Porto. A cantora é acompanhada por orquestra, e diversas faixas foram antes apresentadas em discos de 78 rpm.

O Brasil canta com Stelinha Egg (Polydor 4006). Com orquestra e coro em arranjos do maestro Gaya, Stelinha interpreta músicas de várias regiões do Brasil, quase sempre baseadas em motivos folclóricos. Faixas: "Cantares de minha terra", motivos de cantigas de roda e jogos infantis, de Stelinha Egg; "Pregão da ostra", motivo de trabalho dos pescadores do Recife, de J. Prates; "João valentão", quadro da Bahia, de Dorival Caymmi; "Garoto de lenha de angico", baseado em pregão goiano, de Stelinha Egg e Mione Amorim; "Pescador da barca bela", lenda com motivos cariocas, de Homero Dornelas; "Dança negra", de Hekel Tavares e Sodré Viana; "Seca", procissão dos flagelados, de Oscar Bellandi e Oliveira Lima; "Pregão", cena do interior mineiro, de Lindolfo Gaya; "Cocos", danças nordestinas, de Hekel Tavares; "Soldadinhos de chumbo", velha cantiga paulista, de Marcelo Tupinambá e Galba de Paiva; "Canto da iara", lenda popular, de Gaya e Eme de Assis; e "Boi barroso", lenda do sul do Brasil, de Stelinha Egg.

Stelinha Egg (Odeon 1032). Um dupla-rotação de 45 rpm, com quatro números nordestinos em arranjos magistrais de Gaya. Stelinha canta com um pequeno coro masculino as seguintes peças: "Pinião", embolada de Luperce Miranda; "Coco Peneruê", coco de Waldemar Henrique; "Trepa no coqueiro", embolada de Ari Kerner; e "Cantiga de eira", canto de trabalho, de Barbosa Lessa.

Com grande orquestra, arranjos de Gaya e participação especial do notável bandolinista Jacob, Stelinha gravou na Ordem uma série de músicas com letras de Catulo e que serão apresentadas brevemente. Para quem já ouviu em fita os diversos números, será o melhor *long-playing* com a voz e a arte de Stelinha Egg, hoje cantora de fama internacional.

19 – MARÍLIA BATISTA (1918-1990), cantora carioca, é uma das mais notáveis intérpretes do samba e a criadora de alguns dos maiores sucessos de Noel Rosa. Algumas de suas gravações já estão registradas nesta discografia, justamente na parte consagrada ao autor de "Com que roupa?" (pp. 118-119).

Marília, contudo, é, ela própria, magnífica compositora popular, seguindo as pegadas de Noel e continuando sua obra. Começando muito jovem, acompanhando-se ao violão, está hoje, infelizmente, afastada dos meios artísticos. De quando em vez, porém, grava um ou outro disco, como o notável *Samba e outras coisas* (Musidisc 1015), que reúne sambas excelentes, como "Nunca mais", "Você não é feliz porque não quer", "Imitação", "Vai, eu te dou liberdade", "Praia da Gávea" e "Vila dos meus amores", todos de autoria de Henrique e Marília Batista. Os dois restantes números constam da discografia de Noel Rosa (pp. 118-119).

[Recomendamos o CD: *História musical de Noel Rosa por Marília Batista*, CD duplo (Musidisc 777.6050 e 777.6051, 1996).

20 – TITULARES DO RITMO, bom conjunto vocal, gravou em longa duração um disco que revive os sucessos do famoso Bando da Lua, o primeiro no gênero, composto de Aloísio de Oliveira, Stênio, Vadeco, Hélio e Afonso. O primeiro disco do Bando da Lua, gravado na Brunswick em 1930, apresenta a curiosidade de ter como solista, em uma das faces, o cantor Barbosa (Castro Barbosa). Procurando reproduzir as mesmas harmonizações e efeitos dos discos originais, os Titulares do Ritmo realizaram um *long-playing* de boa qualidade e que traz de volta antigos sucessos.

Homenagem ao Bando da Lua (Copacabana 11038). Faixas: "Olha a lua", de Ary Barroso; "Cansado de sambar", "Que é que Maria tem?", "Não quero não" e "Maria boa", todos de Assis Valente; "Ora, ora", de Gomes Filho e Almanir Greco, sambas; "Marchinha do grande galo", de Lamartine Babo e Paulo Barbosa; "Menina das lojas", de Lamartine Babo; "É do barulho", de Assis Valente e Zequinha Reis; "Arara", de Assis Valente e Leandro Medeiros; "Segure na mão", de Enéas e A. Paraguassu; e "Lalá, Lelé, Lili", de João de Barro e Alberto Ribeiro, marchas.

[Recomendamos os CDs: *50 anos de sucesso em todos os ritmos* (Movieplay BR 1040, 1999); *Titulares do Ritmo cantam Tom e Vinicius* (Warner 996504-2, s/d).]

21 – TRIO IRAKITAN. O conjunto vocal formado pelos cantores Edinho e Joãozinho, ambos do Rio Grande do Norte, e Gilvan, pernambucano, é o melhor que já houve entre nós. Com vozes que se combinam muito bem, com harmonizações sóbrias e de real bom gosto, desde 1947 vem gravando alguns discos da melhor qualidade. Suas gravações em duração lenta estão representadas nesta discografia pelos seguintes discos:

Lendas e pregões do Brasil (Odeon 3052). Sobre motivos populares, o Trio Irakitan apresenta lendas e pregões de diversas regiões do Brasil. Faixas: "A lenda do Abaeté", canção praieira de Dorival Caymmi; "A velha das ervas bentas", pregão nordestino de Costa Neto e Edson França; "Pregões cariocas", de Costa Neto; "Negrinho do pastoreio", lenda gaúcha, de Luís Teles; "Cabeça de cuia", lenda piauiense, de João de Deus; "Vendedor de tabuleiro", pregão potiguar, de Edson França e Costa Neto; e "A preta Zulmira", pregão maranhense, de João de Deus.

Os sambas que gostamos de cantar (Odeon 3010). Embora constituído por cantores nordestinos, é no samba carioca que o Trio Irakitan produz o máximo. Alguns dos melhores sambas de várias épocas estão reunidos no LP: "O orvalho vem caindo", de Noel Rosa e Kid Pepe; "Rosa morena", de Dorival Caymmi; "Pra machucar meu coração", "Coisas do Carnaval" e "No tabuleiro da baiana", de Ary Barroso; "Mulher de malandro", de Heitor dos Prazeres; "Diz que vai, vai, vai", de Aníbal Cruz; "Lá vem a baiana", de Dorival Caymmi; "Agora é cinza", de Alcebíades Barcelos e Armando Vieira Marçal; "Ora, ora", de Almanir Grego e Gomes Filho; "Samba da minha terra", de Dorival Caymmi; e "Tarde na serra", de Lamartine Babo.

Outros sambas que gostamos de cantar (Odeon 3075). Aproveitando o sucesso do anterior, a Odeon lançou outra coleção feita nos mesmos moldes. Faixas: "Praça Onze", de Herivelto Martins e Grande Otelo; "Helena, Helena", de Antônio Almeida e Secundino; "Beija-me", de Roberto Martins e Mário Rossi; "Meu consolo é você", de Nássara e Roberto Martins; "Fita amarela", de Noel Rosa; "Arrasta a sandália", de Osvaldo Vasques e Aurélio Gomes; "Nega do cabelo duro", de Rubens Soares e David Nasser; "Madalena", de Ari Macedo e Airton Amorim; "Não tenho lágrimas", de Milton de Oliveira e Max Bulhões; "O que é que a baiana tem?", de Dorival Caymmi; "Sandália de prata", de Alcyr Pires Vermelho e Pedro Caetano; e "Quando anoitece", de Valdemar Gomes e Cícero Nunes.

Os dois discos do Trio Irakitan cantando sambas, pela interpretação e pela escolha dos diversos números, constituem uma pequena antologia da música de dança carioca.

[Recomendamos os CDs: *Os sambas que gostamos de cantar* (Odeon MOFB 3010, s/d); *A bossa que gostamos de cantar* (Odeon MOFB

3387, s/d]; *20 boleros inesquecíveis*, série *Homenagem* [Som Livre 402.0071, 1990]; *De coração a coração* [BMG-Ariola M10.147, 1993]; *Meus momentos – Trio Irakitan* [EMI-Odeon 830892-2, 1994]; *20 supersucessos – Trio Irakitan* [Polydisc 470156/2-482284, s/d]; *20 supersucessos – Trio Irakitan ii* [Polydisc 470.261, 1997]; *Boleros* [Gema GMCD 13144, 2000]; *Bis – Trio Irakitan* [EMI 526550-2, 2000]; *Três vozes que encantam/Lendas e pregões do Brasil*, série 10 polegadas Odeon [EMI 580278-2, 2002]; *Meu amor vai te encontrar* [BHZ Produções, 2006].]

22 – J.B. DE CARVALHO (1901-1979), cantor, compositor e chefe de conjunto típico, surgiu para a música popular em 1931, à frente do Conjunto Tupi, apresentando o batuque "Cadê Viramundo", que obteve enorme sucesso e ainda hoje é constantemente regravado. Com voz de barítono, grave e velada, de estranha dramaticidade, passou depois ao samba. João P.B. de Carvalho gravou, então, alguns dos maiores sambas cariocas, como "Juro", "Só um novo amor" e "Foste embora", voltando recentemente ao gênero em que se lançou, o corimá, que é a música cantada durante os rituais da macumba.

Sendo um dos cantores mais importantes da música popular brasileira, J.B. de Carvalho está presente no *long-playing Terreiros e atabaques* (Todamérica 16).

O famoso Maciste canta com conjunto as seguintes peças de sua autoria, algumas feitas de parceria: "Salve Ogum"; "Pedra rolou", com César Cruz; "Pena Verde", com Ângelo Dantas; "Doum, Cosme e Damião", com Rossini Pacheco e Waldir Machado; "Ê-rê-rê", com Rossini Pacheco; "Mãe-d'água", com Amado Régis; "Tranca-Rua", com Otávio Faria; e "São Benedito", com Amado Régis. São batuques e corimás, alguns anteriormente apresentados, com as mesmas matrizes, em discos de 78 rpm.

23 – JOÃO DA BAHIANA (1887-1974), nome artístico de João Machado Guedes, é autêntico músico popular e, talvez, o maior ritmista brasileiro, além de apreciável cantor dos corimás afro-brasileiros. Tendo fundado, com Pixinguinha e Donga, o famoso Grupo da Guarda Velha, é enorme a sua contribuição, como compositor, instrumentista e cantor, à nossa música popular.

Batuques e pontos de macumba (Odeon 3070). Infelizmente, a gravadora teve a iniciativa de alternar cada faixa cantada por João da Bahiana com outra de cantor que, embora interpretando o mesmo gênero, não pode de maneira alguma ser colocado à altura do autor de "Cabide de molambo". Faixas de João da Bahiana no seu terreiro: "Quê, quê, rê, quê, quê", "O cachimbo da vovó", "Nanã Boroquê" e "Amalá de Xangô", corimás, todos de autoria do cantor.

[Recomendamos o CD: *Gente da antiga*, série *2 em um* (Odeon, 1992/ EMI 583463, 2003).]

24 – VOLTA SECA, um dos componentes do bando de Lampião, gravou algumas melodias tradicionais do Nordeste que, dizem, eram cantadas pelo grupo do famoso bandoleiro. Com conjunto orquestral e coro, arranjos e direção de Guio de Morais e Paulo Roberto, Volta Seca canta os seguintes números em:

Cantigas de Lampião (Todamérica 10). "Acorda, Maria Bonita", toada sertaneja; "A laranjeira", baião; "Ia pra missa", xote; "Mulher rendeira", baião; "Se eu soubesse", toada; "Sabino e Lampião", xaxado; "Escuta, donzela" e "Eu não pensei tão criança", baiões. Um disco curioso e um documentário, algo prejudicado pela preocupação de "enfeitar" musicalmente os números, que só ganhariam em beleza e autenticidade se fossem apresentados sem artifícios.

[Recomendamos o CD: *Cantigas de Lampião* (Inter Records 7895509210219, 2000).

25 – LINDA BATISTA (1919-1988) E DIRCINHA BATISTA (1922-1999), ambas cariocas, são filhas do mais popular ventríloquo brasileiro – João Batista Júnior. Linda especializou-se mais na música saltitante e maliciosa do Carnaval carioca, enquanto Dircinha é mais intérprete dos sambas-canções, sendo mesmo uma das melhores cantoras da música de Ary Barroso.

Linda Batista (RCA Victor 1012). A cantora, com acompanhamentos de orquestra, apresenta 12 sambas, até então inéditos: "O maior samba do mundo", de Herivelto Martins e David Nasser; "Você", de Ronaldo Melo Pinto; "Conselho", de Lupicínio Rodrigues e Rubens Santos; "Título que aponta", de Luís Antônio e Oldemar Magalhães; "Horóscopo", de Domício Augusto e Mílton Silva; "Embaixador nacional", de H. Rocha e Wilson Santos; "Que adianta?", de Aldacir Louro e Santos Garcia; "Feijoada completa", de Osvaldo França e Mary Monteiro; "Nuvem", de Umberto Silva e Silveira Miranda; "Manto da lua", de Kid Pepe, Rubens Bastos e Darci Pereira; "De tristeza, de saudade", de Fernando Lobo; e "Zé do morro", de Herivelto Martins e David Nasser.

Música para o mundo (RCA Victor 3048). Na face A, Dircinha Batista canta os seguintes sambas: "Canção da volta", de Antônio Maria e Ismael Neto; "Aperto de mão", de Horondino Silva, Jaime Florence e A. Mesquita; "Inquietação", de Ary Barroso; e "Algodão", de Custódio Mesquita e David Nasser. Na face B, melodias estrangeiras, que não cabem nesta discografia.

Infelizmente, os dois discos das irmãs Batista longe estão de espelhar todas as qualidades artísticas de que são possuidoras. Seu repertório em discos de 78 rpm é bem superior. Sendo cantoras de real mérito, a inclusão deles nesta lista é feita com as devidas reservas.

[Recomendamos os CDs: *Acervo especial – Dircinha Batista/Linda Batista* (BMG-Ariola V100.022, 1994); *A última estrofe* (Revivendo RVCD-030, s/d); *Na roda do samba* (Revivendo RVCD-201, s/d); *Bis – Dircinha Batista* (EMI 529862-2, 2000).]

26 – CYRO MONTEIRO (1913-1973),

carioca da estação do Rocha, é um dos grandes estilistas do samba genuinamente nosso. Sobrinho do famoso pianista Romualdo Peixoto (Nonô), Cyro criou uma interpretação própria, que se pode situar entre Mário Reis e Luís Barbosa. Sem a sobriedade do primeiro e sem a exuberância do segundo, é um meio-termo ideal, um intérprete perfeito. Para Vinicius de Moraes, é "não só o maior cantor popular de todos os tempos, mas uma criatura humana de qualidades raras". Sua discografia em LP é representada por dois discos:

A bossa de sempre (RCA Camden), reunindo 12 matrizes de sambas gravados entre 1938 e 1941. São eles: "Se acaso você chegasse", de Lupicínio Rodrigues e Felisberto Martins; "Dinheiro não é semente", de Felisberto Martins e Mutt; "Oh! seu Oscar", de Ataulfo Alves e Wilson Batista; "Linda Iaiá", de Ernani Alvarenga e Jardel Noronha; "A mulher que eu gosto", de Wilson Batista e Ciro de Sousa; "Rosinha", de Héber de Bôscoli e Mário Martins (Cyro canta com Sílvio Caldas e Orlando Silva); "Beijo na boca", de Ciro de Sousa e A. Garcez; "Quem gostar de mim", de Dunga; "Você quis saber da minha vida", de Kid Pepe e Paulo Actis; "Tua beleza", de Raul Marques e Waldemar Silva; "A mulher faz o homem", de Ataulfo Alves e Roberto Martins; "Vida apertada", de Ciro de Sousa.

Senhor samba (Columbia 37190) marca de maneira admirável a volta de Cyro Monteiro ao disco, em 1961, graças à iniciativa de Roberto Corte-Real, diretor artístico da Columbia no Brasil. São sambas novos e inéditos, e os arranjos do trombonista Astor são dos mais adequados à interpretação de Cyro. O conjunto conta com a participação especial do grande Radamés Gnattali, além de Paulino (bateria),

Vidal (contrabaixo), o próprio Astor (trombone), entre outros. Repertório: "Quatro loucos num samba", de Cyro Monteiro e Mary Monteiro; "Liberdade demais", de Mariano Filho e Hélio Nascimento; "Teleco-teco", de Vinicius de Moraes; "Malandro bamba", de Pedro Caetano; "Cara feia", de Homero, Renato e Ivan Ferreira; "Com fome não", de Oziel Peçanha e Noacy B. de Marcenez; "Minha Marilu", de Cyro Monteiro e Dias da Cruz; "Meu bem", de Hianto de Almeida; "Chora, coração", de Denis Brean e Oswaldo Guilherme; "Pra brincar de namorar", de Cyro Monteiro; "Receita de mulher", de Cyro Monteiro e Carlos Frederico.

[Recomendamos os CDs: *Teleco-teco opus n. 1* (CBD/Philips, 1992); *Sr. Samba* (Columbia/Sony Music 866.023/2-476413, 1994); *Meu samba, minha vida*, série *Memória da música brasileira* (Movieplay, 1994); *Sambistas de fato – Cyro Monteiro/Aracy de Almeida* (Revivendo RVCD-053, 1995); *Mestres da MPB – Jorge Veiga/Cyro Monteiro* (Warner 450998228-2, 1995); *Ciro Monteiro*, série *Aplauso* (BMG 7432133807-2, 1996); *Mudando de conversa* (Odeon, 2000); *A música brasileira deste século por seus autores e intérpretes – Cyro Monteiro* (Sesc São Paulo JCB-0709-005, 2000); *Raízes do samba – Cyro Monteiro* (EMI 522788-2, 2000); *Tem que rebolar* (Inter Records R21015, 2001); *De Vinicius e Baden especialmente para Cyro Monteiro* (Elenco/Universal 73145589572, 2003); *Cyro Monteiro – Mestre do samba* (BMG 287661384-2, 2004); *A bossa eterna de Elizeth e Cyro v. 1* (EMI 2438646742-3, 2008); *A bossa eterna de Elizeth e Cyro v. 2* (EMI 2438646732, s/d); *Cyro Monteiro – 100 anos* (Revivendo RVCD-284, 2013).]

INTÉRPRETES-INSTRUMENTISTAS

27 – BENEDITO LACERDA (1903-1958), fluminense da cidade de Macaé, é figura exponencial da música popular brasileira, compositor inspirado por um profundo senso de racionalismo, tanto quando produzia as valsas dolentes como os choros repinicados, os sambas e as marchinhas carnavalescas, às quais sabia imprimir a sua marca pessoal. Exímio flautista, está muito bem representado nesta discografia pelos *long-playings*:

Benedito Lacerda (Odeon 3026). Reunião de antigas matrizes realizadas entre 12.12.1934 e 04.06.1936. Faixas: "Juriti", choro de Raul Silva; "Teus ciúmes", valsa de Laci Martins; "Doidinho", choro de Benedito Lacerda; "Glória", valsa de Pixinguinha; "Mistura e manda", choro de Nélson dos Santos Alves; "Cinzas e nada mais", valsa de Benedito Lacerda; "Dinorá", choro de José Ferreira Ramos e Benedito Lacerda; "Venenoso", choro de Raul Silva; "Mirtes", valsa de Benedito Lacerda; "Minha flauta de prata", choro de Jaime Florence; e "Isis", valsa de Benedito Lacerda e Jorge Faraj. Os acompanhamentos são feitos pelo Conjunto Regional de Benedito Lacerda, que em diversas épocas reuniu notáveis instrumentistas, como Horondino Silva, Jaime Florence (Meira), Carlos Lentini, Jaci Pereira, violonistas; Canhoto, cavaquinho; e Russo do Pandeiro.

Benedito Lacerda e Pixinguinha (RCA Camden5041). Finalmente reunidas em LP 12 das melhores interpretações de Benedito Lacerda (flauta) e Alfredo da Rocha Viana, o Pixinguinha (saxofone tenor), dupla de instrumentistas insuperável. Números: "André de sapato novo", choro de André Vitor Correia; "Atraente", choro de Chiquinha Gonzaga; "Língua de preto", choro de H. Lopes; "Displicente", choro de Pixinguinha e Gastão Viana; "1x0", choro, "Ainda me recordo", choro, "O gato e o canário", polca, "Naquele tempo", choro, "Vou vivendo", choro, "Devagar e sempre", choro, "Sofres porque queres", choro, e "Soluços", choro, todos de autoria de Pixinguinha. No disco, a autoria é dividida com Benedito Lacerda, mas é fácil provar ser apenas Pixinguinha o autor. Algumas das peças foram gravadas primitivamente em solos de flauta por Alfredo da Rocha Viana Filho quando este nem sequer conhecia Benedito Lacerda. A apresentação dos dois grandes instrumentistas em LP é das melhores coisas da discografia da música popular brasileira.

[Recomendamos os CDs: *Benedito Lacerda e Pixinguinha* (BMG/RCA, 2004); *Minha flauta de prata* (Revivendo RVCD-223, 2004); *Benê, o flautista – Trilogia musical da obra do polêmico (e genial) Benedito Lacerda*, caixa com quatro CDs (Maritaca M10032A a M10032D, 2006).]

28 – LUIZ AMERICANO (1900-1960), sergipano de Aracaju, é notável compositor, clarinetista e saxofonista. Contam-se às centenas as suas gravações, sendo as primeiras realizadas na Odeon em 1924. Desligando-se do exército em 1922, data dessa época a sua carreira como músico profissional. Trabalhou com as orquestras de Justo Nieto, Kossarin, Raul Lipoff, Romeu Silva e Simon Bountman.

Chora, saxofone (RCA Victor 1005). Excelente coleção de alguns dos números de maior êxito do grande instrumentista. São regravações realizadas em 1958. Faixas: "Lágrimas de virgem", "Léa", "Leda", valsas; "Numa seresta", "Assim mesmo", "É o que há", choros; "Garrincha", polca, todas de autoria de Luiz Americano do Rego; "Tempero da Chiquinha", choro de Luís de Sousa e M.H. Santos; "Negrinha", choro de Joubert de Carvalho; "Valina", valsa de Luiz Americano e Daniel Lustosa; "Choro de caititu", de H.M. Santos e Salim Salomão; "Sueli", choro de Eduardo Patané. Luiz Americano é acompanhado por conjunto regional. As antigas matrizes em poder da Odeon, da Columbia e da RCA Victor dariam para a realização de diversos discos de longa duração interpretados pelo notável saxofonista e clarinetista.

[Recomendamos os CDs: *Saxofone, por que choras?* (Inter Records R21017, 2000); *Memórias musicais. Luís Americano e Ratinho*, CD 7 da caixa *Memórias musicais* (Biscoito Fino/IMS, 2002); *50 anos de saudade*, v. 1 a 3 (Revivendo RVPC-080 a 082, 2010).]

29 – LUPERCE MIRANDA (1904-1977), compositor e bandolinista pernambucano, foi o fundador dos conjuntos famosos que se chamaram Turunas da Mauriceia e Desafiadores do Norte. Como instrumentista, é dos maiores que já apareceram entre nós, exímio, tanto no bandolim como no cavaquinho. Pianista personalíssimo, o público ainda não conhece essa faceta de sua arte. Tendo gravado centenas de discos, como solista e acompanhador, Luperce pode ser encontrado nos seguintes discos de longa duração:

Ritmos brasileiros v. II - Choros e valsas (Sinter 1053). Luperce Miranda ao bandolim, com acompanhamentos de violões e ritmo, interpreta as seguintes peças de sua autoria: "Caboco zangado", "Bato Palmas", "Sangaruga"e "Picadinho à baiana", choros; "Alma e coração", "Tezinha", "Quando me lembro"e "Foi um sonho", valsas.

Luperce Miranda (Odeon 1006). O bandolinista, com regional, em quatro dos seus melhores números, em EP de 45 rpm: "Segura Paes Leme", choro; "Leninha", valsa; "Caeté", frevo; e "Canta passarinho", choro.

Vem dançar comigo (Odeon 1069). Outro EP de Luperce Miranda ao bandolim, com dois números de sua autoria: "Napoleão na caçada", choro, e "Selma", bolero; "Vem dançar comigo", baião de José Cenília e Manuel Baltazar, e "Olga", bolero dos mesmos autores. Dos grandes bandolinistas brasileiros, Luperce foi o primeiro a nos deixar discos de fonógrafo. Antes dele, Mário Álvares não chegou a registrar suas interpretações.

[Recomendamos os CDs: *História de um bandolim* [Discos Marcus Pereira, s/d]; *Alma e coração* [Revivendo RVCD-280, s/d].]

30 – GAROTO, nome artístico de Aníbal Augusto Sardinha (1915-1955), compositor e violonista de São Paulo, gravou inúmeros discos de ótima qualidade, principalmente como integrante do Quarteto Continental e do Sexteto Continental, conjuntos instrumentais dirigidos pelo maestro Radamés Gnattali e que contavam com a participação de instrumentistas dos melhores, como Chiquinho, Zé Menezes, Vidal etc. Maior sucesso de Garoto: "São Paulo quatrocentão", à frente de banda de formação quase militar.

Garoto revive em alta-fidelidade (Odeon 3002). Dois anos após a morte do instrumentista, um dos gravadores da Odeon descobriu no arquivo de fitas uma caixa com o título "Garoto". Eram provas de um ensaio em que o violonista tocava, sem acompanhamento, sete músicas de autoria de Ary Barroso: "Maria", "No Rancho Fundo", "Tu", "Na Baixa do Sapateiro", "Terra seca", "Risque" e "Aquarela do Brasil", uma preciosidade. Infelizmente, em vez de lançá-las em *long-playing* tal como estavam, fizeram em *playback* um acompanhamento de grande orquestra. Embora sejam bons os arranjos feitos pelo maestro Leo Peracchi, perdeu-se a oportunidade de ouvir Garoto tocando sem nenhuma preocupação as músicas do compositor de Ubá.

Garoto revive em alta-fidelidade (Odeon 1071). São quatro das faixas do disco acima ("Maria", "Aquarela do Brasil", "Terra seca" e "Risque") apresentadas em gravação EP de 45 rpm.

[Recomendamos os CDs: *Aloísio de Oliveira apresenta Garoto & Luiz Bonfá – Gênios do violão* [EMI 837840-2, 1996]; *Garoto – O gênio das cordas*, série *Choro – Grandes solistas em gravações originais* [EMI, 2003].]

31 - GLAUCO VIANA (1914), veterano compositor e violonista, que já gravara desde 1928 na fábrica Parlophon, depois de longa ausência está presente em EP de 45 rpm:

Aquelas valsinhas (Odeon 1026). Quatro valsas de autoria do intérprete solista de violão, sem acompanhamentos: "Sonhando", "Conversa de amor", "Você é minha inspiração" e "Luar do meu bairro". Glauco Viana é um bom especialista do difícil instrumento e bem merece uma apresentação melhor, que certamente virá.

32 - AUGUSTO VASSEUR (1899-1969), músico sul-rio-grandense, violonista da Orquestra do Theatro Municipal, prefere o piano em suas interpretações de música popular. Artista veterano, medalha de ouro do Instituto Nacional de Música, condecorado, em 1920, pelo rei Alberto, da Bélgica, foi contemporâneo de Sinhô e de Eduardo Souto, dos quais foi amigo pessoal. Vasseur tocou em vários cinemas do Rio de Janeiro, quando a imagem era muda. Recordando os velhos tempos, o pianista gravou um delicioso *long-playing*:

Sala de espera do Cinema Avenida (Sinter 1113). Com contrabaixo de Vidal e bateria de Sut, Augusto Vasseur interpreta ao piano as velhas peças que comoviam os fãs de William Farnum e de Theda Bara. Faixas: "Trinas", fox, "Meu lamento", valsa, "Saia da baiana", maxixe, "Nostálgica", valsa, "Bondade", valsa, "Bobinho", fox, "Sorrindo", valsa, "Nonô", choro, e "Evocando", valsa, todas de autoria de Vasseur; e "Leonor", valsa, e "Pianola", *ragtime*, ambos de autoria de José Barbosa da Silva (Sinhô).

33 - DILERMANDO REIS (1916-1977), um dos nossos melhores violonistas, concertista exímio, compositor de inspiração nitidamente brasileira, está representado nesta discografia pelos seguintes discos de longa duração:

Dilermando Reis (Continental 25). Solos de violão (sem acompanhamento) de Dilermando Reis. Faixas: "Sons de carrilhões", choro de João Pernambuco; "Abismo de rosas", valsa de Américo Jacomino e Canhoto; "Magoado", choro, e "Noite de lua", valsa-serenata, ambas de autoria de Dilermando. Na face B, o artista interpreta peças de Chopin, Beethoven, Tárrega, finalizando o disco com "Ruas de Espanha", serenata de sua autoria.

Sua majestade, o violão (Continental 45103). Dilermando Reis, em EP de 45 rpm, interpreta os seguintes números: "Romance de amor", canção de Vicente Gomes; "Magoado", choro; "Dois destinos", valsa; e "Noite de lua", valsa-serenata.

[Recomendamos os CDs: *O melhor de Dilermando Reis* (Warner 450996411-2, 1995); *Abismo de rosas* (Continental/Warner, 1996); *Violão brasileiro* (Atração Fonográfica ATR12029, 2000); *Dilermando toca Pixinguinha* (Atração Fonográfica ATR12034, 2003); *Noite de estrelas* (Revivendo RVCD-217, 2004).]

34 – JACOB PICK BITTENCOURT (1918-1969),

ou simplesmente Jacob, carioca nascido no bairro de Laranjeiras, é o maior instrumentista da música popular brasileira no momento. Possuidor de uma técnica assombrosa, junta a esta uma sensibilidade de verdadeiro artista. Profundo conhecedor da música instrumental brasileira, seu repertório é imenso e vai desde os clássicos populares - um Anacleto de Medeiros, um Ernesto Nazareth e um Pixinguinha - até os choros e valsas que ele mesmo compõe, dentro das formas tradicionais do nosso populário. Jacob, que iniciou sua carreira discográfica na Continental, com quatro discos de 78 rpm, já gravou cerca de 50 outros na RCA Victor. Em longa duração, vamos encontrá-lo interpretando Nazareth em disco já relacionado nesta discografia, na parte referente aos compositores (pp. 114-115), e mais nos seguintes:

Valsas evocativas (RCA Victor 3015). Reunião de oito valsas genuinamente brasileiras: "Revendo o passado", de Freire Júnior; "Alma brasileira", de Fernando Magalhães; "Só tu não sentes", de J.F. da Costa (Costinha); "Elsa", de A.F. Conceição-Xavier Pinheiro; "Saudade eterna" ("Flor do mal"), de Santos Coelho e Domingos Correia; "Clélia", de Luís de Sousa; "Jovina", de Domingos Pecci; e "Subindo ao céu", de Aristides Borges. Jacob, solista de bandolim, é acompanhado nas diversas faixas por Horondino Silva e Jaime Florence (violões), Canhoto (cavaquinho), Orlando Silveira (acordeão) e Antônio Taranto (contrabaixo).

Choros evocativos (RCA Victor 3049). Agora é uma reunião de oito obras-primas do choro carioca, alguns tradicionais. Faixas: "Flor do Abacate", de Álvaro Sandim; "Numa seresta", de Luiz Americano do Rego; "Bonicrates de muletas", de Biliano de Oliveira; "Saxofone, por que choras?", de Severino Rangel (Ratinho); "Língua de preto", de Honorino Lopes; "Dolente", de Jacob Bittencourt; "Graúna", de João Pernambuco; e "Saudações", de Otávio Dias Moreno. O solista de bandolim é acompanhado por diversos músicos, entre eles Horondino Silva, Jaime Florence, Benedito César, Jessé Silva (violões) e Gilson (pandeiro).

Época de ouro (RCA Victor 1033). Uma coleção excelente de valsas, sambas e choros, na interpretação de Jacob (bandolim), acompanhado por grande orquestra: Santino Parpinelli, Henrique Morelenbaum, Jorge Faini, Damião Guimarães, Júlio Vieira, Carlos Noli Filho, Francisco Bernardo, Paulo Nissembaum, Roberto Domenech, João Correia de Mesquita e Raimundo Loyola (violinos); Renault Araújo, Jacques Niremberg Jandavy de Almeida (violas); Ézio de Meis, Roberto Strutt, Eugen Ranevsky e Heinz Hertel (celos); Moura e Wilson (saxes altos); Aurino e Fernando (saxes tenores); Orfeu (sax barítono); Orlando (acordeão); Fats Elpídio (piano); Marinho (baixo); Chucachuca (vibrafone); Dino (violão de sete cordas); Máspoli (guitarra elétrica), Paulinho e Barão (bateria); Gilberto (pandeiro); e Nélson (caixeta). As faixas 1, 4, 5, 7, 8 e 10 foram orquestradas pelo maestro Radamés Gnattali; as de números 2, 3, 6, 9, 11 e 12, pelo maestro Carioca. Diretor de orquestra: Aristides Zacarias. Faixas: "Caprichos do destino", valsa de Pedro Caetano e Claudionor Cruz; "Longe dos olhos", samba de Cristóvão de Alencar e Djalma Ferreira; "Lá vem a baiana", samba de Dorival Caymmi; "Cigana", valsa de Paulo Roberto e Romualdo Peixoto (Nonô); "Já sei sorrir", samba de Ataulfo Alves e Claudionor Cruz; "Da cor do pecado", choro de Alberto de Castro Simões da Silva (Bororó); "Lábios que beijei", valsa de J. Cascata e Leonel Azevedo; "Saudade dela", samba de Ataulfo Alves; "Cessa tudo", samba de Lamartine Babo e Celso Macedo; "Jardim de flores raras", valsa de Francisco Matoso e Romualdo Peixoto (Nonô); "Feitiçaria", samba de Custódio Mesquita e Evaldo Rui Barbosa; e "Serra da Boa Esperança", samba-canção de Lamartine Babo.

Chorinhos e chorões (RCA Victor 1138). É, sem favor, e apesar de considerada a qualidade dos anteriores, o melhor LP do famoso bandolinista. Com acompanhamento adequado (Dino, César e Carlinhos, violões; Jonas, cavaquinho; Luiz Marinho, contrabaixo; Gilberto, pandeiro; Barão, tamborim; Pedro dos Santos, reco-reco), Jacob interpreta os seguintes números: "Assanhado", samba de Jacob; "É do que há", choro de Luiz Americano; "Proezas de Solon", choro de Pixinguinha e Benedito Lacerda; "Santa morena", valsa de Jacob; "Os cinco companheiros", choro de Pixinguinha; "Ameno Resedá", polca de Ernesto Nazareth; "Não me toques", choro de Zequinha de Abreu; "Vou vivendo", choro de Pixinguinha e Benedito Lacerda; "Serpentina", choro de Nélson Alves; "Juventude saudosa", valsa de Amador Pinho; "Benzinho", choro de Jacob; e "Bola preta", do mesmo autor.

[Recomendamos os CDs: *Vibrações* (RCA, 1989); *Jacob do Bandolim – Mandolin master of Brazil v. 1* [Acoustic Disc, 1991]; *Jacob do Bandolim – Mandolin master of Brazil v. 2* [Acoustic Disc, 1994]; *Retratos – Jacob do Bandolim com Radamés Gnattali e sua orquestra* [Columbia/Sony Music 866.018/2-476408, 1994]; *In Memoriam – Jacob do Bandolim* [EMI-Ariola M10.129, 1996]; *Choros, valsas, tangos e polcas*, série *Repertório Rádio MEC*, n. 5 [SOARMEC Discos S005, 1997]; *Jacob do Bandolim*, caixa com três CDs. [BMG/RCA, 2000]; *Jacob do Bandolim & Época de Ouro*, série *Enciclopédia musical brasileira*, n. 11 [Warner 857381747-2, 2000]; *Vê se gostas* [Revivendo RVCD-145, 2000]; *Caprichos do destino* [Revivendo RVCD-260, s/d]; *Sem Jacob – Com Jacob* [Museu da Imagem e do Som do Rio de Janeiro MIS-036, 2001]; *Elizeth Cardoso – Zimbo Trio – Jacob do Bandolim – Época de Ouro*, gravado ao vivo no Teatro João Caetano [Rio de Janeiro] em 1968 [Biscoito Fino BF554, 2003]; *Chorinhos e chorões* [Instituto Jacob do Bandolim, 2006]; *Primas e bordões* [Instituto Jacob do Bandolim, 2006].]

35 – WALDIRO FREDERICO TRAMONTANO (1908-1987), ou melhor, Canhoto, é carioca de Botafogo e o titular do mais popular conjunto regional brasileiro, Canhoto e Seu Regional. Exímio centrista de cavaquinho, sempre contou com a participação de excelentes instrumentistas em seu pequeno grupo. Durante muitos anos foi artista exclusivo da RCA Victor, passando, recentemente, para a Odeon. Em discos *long-playing*, a música de Canhoto e de seus companheiros está reunida nos seguintes:

Baiãomania (RCA Victor 3013). Oito dos mais populares baiões encontram-se neste disco de boa qualidade técnica: "Maringá" (originalmente uma canção), de Joubert de Carvalho; "Juazeiro", "Baião", "Paraíba", "Qui nem jiló" e "Baião de dois", todos de Luiz Gonzaga e Humberto Teixeira; "Kalu", de Humberto Teixeira; e "Delicado", de Waldir Azevedo. O conjunto está assim constituído: Canhoto (cavaquinho), Altamiro Carrilho (flauta), Horondino Silva e Jaime Florence (violões), Orlando Silveira (acordeão) e Gilson (pandeiro).

Roda de bamba (Odeon 3063). Valsas, sambas e choros muito bem escolhidos tornam dos melhores o disco de estreia de Canhoto na Odeon. Faixas: "Roda de bamba", partido-alto de Canhoto e Horondino Silva; "Entre amigos", choro de Raul Silva; "Mimi", valsa de Uriel Lourival; "Faceira", samba de Ary Barroso; "André de sapato novo", choro de André Vitor Correia; "Se acaso você chegasse", samba de Lupicínio Rodrigues; "Arrasta a sandália", samba de Osvaldo Vasques e Aurélio Gomes; "Tico-tico no fubá", choro de Zequinha de Abreu; "Boneca", valsa de Benedito Lacerda e Aldo Cabral; "Com que roupa?", samba de Noel Rosa; "Beija-me", samba de Roberto Martins e Mário Rossi; e "Sonoroso", choro de K-Ximbinho e Del Loro. O conjunto apresenta a mesma constituição anterior, apenas com a substituição de Altamiro Carrilho por Carlos Poyares.

36 – ALTAMIRO CARRILHO (1924-2012), nascido em Pádua, estado do Rio, é, na atualidade, o nosso maior flautista, ocupando um lugar que já pertenceu a Patápio Silva, Pixinguinha e Benedito Lacerda. Exímio virtuoso, é o instrumentista brasileiro que mais gravou em discos de longa duração, quer à frente de seu regional, quer comandando a sua popular bandinha. Contudo, nem todos os discos de Altamiro podem figurar nesta discografia, pois o artista muitas vezes cede a imposições meramente comerciais, gravando boleros e música de dança em geral, quando não acompanha palhaços e cômicos que nenhuma vantagem trouxeram para a música brasileira. Os que indicamos a seguir, porém, são da melhor qualidade, pelos números escolhidos e pela execução magnífica do artista fluminense.

Altamiro Carrilho (Copacabana 2019). O flautista executa as seguintes peças de sua autoria: "Ziza", "Saliente", "Samba de morro", "Travessuras do Sérgio" e "Guaraci"; "Aconteceu no Grajaú", de Britinho; "Jabuti", de Élio Latini; e "Flauteando na chacrinha", de Altamiro Carrilho e Ari Duarte. Acompanhamentos por regional.

Rio antigo (Copacabana 3070). À frente de uma pequena formação, nos moldes das de Pixinguinha, Altamiro apresenta cinco composições de sua autoria: "Rio antigo", maxixe; "Maxixe das flores"; "Ziza", xote; e "Azul e branco", maxixe. Completam o disco três números tradicionais: "Aurora", valsa de Zequinha de Abreu; "Jura", samba de José Barbosa da Silva (Sinhô); e "Saudade de Pádua", valsa de Edmundo Guimarães.

Altamiro Carrilho e sua bandinha na TV (Copacabana 11010). Esplêndida coleção de músicas brasileiras de diversas épocas: "Avante, camaradas", "Dobrado 220", de Antônio Manuel do Espírito Santo; "Tico-tico no fubá", choro de Zequinha de Abreu; "Sobre as ondas", valsa de Juventino Rosas (é a única música de origem estrangeira constante deste *long-playing*, mas de tal forma incorporada ao repertório nacional que muitos pensam ser brasileira; é a mesma peça que serve de motivo a quase todas as orquestras de jazz de New Orleans); "Marchinha do grande galo", de Lamartine Babo e Paulo Barbosa; "Fita amarela", samba de Noel Rosa; "Flor amorosa", choro de Joaquim Antônio da Silva Calado; "Marcha do centenário", marcha-fado de Raul Ferrão e Frederico de Brito; "São Paulo quatrocentão", polca-dobrado de Garoto e Chiquinho; "Flor do Abacate", choro de Álvaro Sandim; "Branca", valsa de Zequinha de Abreu; "Dorinha, meu amor", samba de José Francisco de Freitas; "Lig-lig-lig-lé", marcha de Paulo Barbosa e Osvaldo Santiago; "Kananga do Japão", samba de José Barbosa da Silva (Sinhô); e "Vassourinha", frevo de Matias da Rocha e Joana Batista Ramos. A bandinha de Altamiro é composta de flauta (ou flautim), acordeão, pistão, clarineta, oficleide, tuba, bateria e pratos.

Altamiro Carrilho e sua bandinha na TV n. 2 (Copacabana 11019). Feito nos moldes do anterior, apresenta músicas mais recentes, em sua maioria das décadas de 1930-1940: "Mamãe eu quero", marcha de Calazans (Jararaca) e Vicente Paiva; "Carolina", marcha de Hervé Cordovil e Bonfiglio de Oliveira; "O trem atrasou", samba de Paquito, Artur Vilarinho e Estanislau Silva; "Maracangalha", samba de Dorival Caymmi; "Periquitinho verde", marcha de Antônio Nássara e José Sá Róris; "Salada portuguesa", marcha de Paulo Barbosa e Vicente Paiva; "Vamos, Maria, vamos", maxixe de Vicente Paiva e Calazans (Jararaca); "Cai, cai...", samba de Roberto Martin; "Dá nela", marcha de Ary Barroso; "Aurora", marcha de Roberto Roberti e Mário Lago; "É bom parar", samba de Rubens Soares; e "Helena, Helena", samba de Antônio Almeida e Secundino.

Recordar é viver (Copacabana 11036). Com a sua bandinha, Altamiro apresenta bons números do passado: "Vá por mim", maxixe de José Francisco de Freitas; "Mimi", valsa de Uriel Lourival; "Boneca de piche", samba de Ary Barroso; "Saudades de Matão", valsa de Antenógenes Silva, Jorge Galati e Raul Torres; "Pinto pelado", tanguinho de Marcelo Tupinambá; "Gosto que me enrosco", samba de José Barbosa da Silva (Sinhô); "Revendo o passado", valsa de Freire Júnior; "Tatu subiu no pau", maxixe de Eduardo Souto; "O gaúcho", tango brasileiro de José Francisco de Freitas; "O teu cabelo não nega", marcha de Irmãos Valença e Lamartine Babo; "Última inspiração", valsa de Peterpan; e "No tabuleiro da baiana", samba-jongo de Ary Barroso.

Chorinhos em desfile (Copacabana 11088). É sem dúvida o melhor *long-playing* gravado por Altamiro Carrilho até o momento. Introduzindo no conjunto regional a tuba de Zé Américo, o flautista apresenta choros tradicionais e alguns modernos: "Machucando", de Assobert; "Praga de sogra", de Joaquim Sobreira; "Bem-te-vi atrevido", de Lina Pesce; "Bacurau na França", de Antônio Patrício de Sousa Rodrigues; "Canarinho teimoso", de Altamiro Carrilho e Ari Duarte; "Tico-tico no fubá", de Zequinha de Abreu; "Canarinho", de Raul Silva; "Dinorá", de Benedito Lacerda e José Ferreira Ramos; "Meu sabiá", de Raul Silva; "Fugindo da escola", de Joaquim Sobreira; e "André de sapato novo", de André Vitor Correia.

Embora alguns números estejam repetidos nos diversos *long-playings* de Altamiro Carrilho, quer à frente de seu regional como de sua bandinha, foram usadas diferentes matrizes.

[Recomendamos os CDs: *Altamiro revive Patápio e interpreta clássicos* (Discos Marcus Pereira, s/d); *Bem Brasil* (Polygram/Philips 848.849-2, s/d); *50 anos de chorinho* (Polygram/Philips 512122-2, 1992); *Seleção de ouro*, série *Memória da música brasileira* (Movieplay, 1992); *A flauta de Altamiro Carrilho*, série *A magia*, v. 5 (Continental 1.07.800.058, 1992); *Chorinhos didáticos para flauta* (Movieplay BS267, 1996); *Flauta maravilhosa* (Movieplay BS269, 1996); *Rio antigo/Choros imortais*, série 2 em um (EMI 499601-2, 1999); *Simplesmente música* (Independente NM 379101, 2002); *Choros imortais n. 2*, série *Choro – Grandes solistas em gravações originais* (EMI, 2003); *Música, graças a Deus!* (Independente NM 500303, 2005); *Poesia do sopro de Altamiro Carrilho*, caixa com três CDs (Biscoito Fino, 2008).]

37 – RADAMÉS GNATTALI (1906-1988),

nascido em Porto Alegre, Rio Grande do Sul, é um dos mais completos músicos brasileiros. Sua obra, no setor erudito, já é conhecida nos grandes centros musicais do mundo. Ocupante da cadeira número 2 da Academia Brasileira de Música, Radamés é, também, regente e orquestrador dos melhores, pianista e compositor de música popular. Neste setor, sua discografia em longa duração pode ser representada pelo seguinte disco:

Radamés interpreta Radamés (Todamérica 310). Com pequeno conjunto, formado de violão, cavaquinho, contrabaixo, bateria, afoxé e reco-reco, Radamés interpreta ao piano os seguintes choros de sua autoria: "Papo de anjo", "Puxa-puxa", "Bolacha queimada", "Pé de moleque" e "Zanzando em Copacabana" (este com uma parte em ritmo de fox). Na face B, encontramos os sambas: "Amargura", feito de parceria com Alberto Ribeiro; "Vou andar por aí"; "Cheio de malícia"; "Escrevendo para você"; "De amor em amor", parceria com Silva Costa; e "Seu Ataulfo". É um disco excelente, em que se sobressaem os chorinhos rápidos "Bolacha queimada" e "Pé de moleque".

Outros discos *long-playing* de Radamés: *Ernesto Nazareth*, já comentado na primeira parte desta discografia (pp. 114-115), *Ecos do Brasil* (Sinter 1030), *Joias musicais brasileiras* (Continental 2002), *Samba em três andamentos* (Sinter 1037) e *Suíte de dança popular brasileira* (Continental 36). Evidentemente, não cabe aqui a relação (felizmente grande) das obras de Radamés Gnattali de caráter erudito.

[Recomendamos os CDs: *Radamés & Aída interpretam Nazareth & Gnattali* (Kuarup, 1993); *Retratos – Jacob do Bandolim com Radamés Gnattali e sua orquestra* (Columbia/Sony Music 866.018/2-476408, 1994); *Mestres da MPB – Radamés Gnattali* (Warner 995962-2, 1994); *Mestres da MPB – Radamés Gnattali v. 2* (Warner 063010777-2, 1995); *Billy Blanco & Radamés Gnattali – Doutores em samba* (Kuarup KCD-068, 1996); *Radamés interpreta Radamés* (RGE 6100-2, 1997/Inter Records 789550921022-6, 2006); *Radamés e Aída Gnattali interpretando Nazareth & Gnattali*, série *Repertório Rádio MEC*, n. 10 (SOARMEC Discos S010, 1998); *Radamés Gnattali e Waldemar Henrique*, série Acervo Funarte da Música Brasileira (Funarte/Atração Fonográfica/Instituto Itaú Cultural, 1998); *Brasiliana n. 7 e 8* (RGE, 1998/Inter Records 789550921026-4, 2006); *Radamés Gnattali*, série *Acervo Funarte da música brasileira* (Funarte/Atração Fonográfica/Instituto Itaú Cultural, 1999); *Radamés Gnattali*, série *Reviva* (Som Livre 4312-2, 2003).]

38 – DIVERSOS. Nesta última parte da "Discoteca mínima da música popular brasileira", vamos apresentar alguns discos de vários intérpretes ou que fogem à classificação adotada até aqui (autores e intérpretes).

Estes fizeram Carnaval (Odeon 3038). Alguns dos melhores especialistas na interpretação da música carnavalesca estão reunidos no *long-playing* que abrange composições feitas de 1933 a 1954. 1933: "Formosa", marcha de Antônio Nássara e J. Rui, interpretada por Mário Reis e Francisco Alves, com a Orquestra Copacabana; 1934:

"Há uma forte corrente contra você", marcha de Francisco Alves e Orestes Barbosa, canto por Francisco Alves, com a Orquestra Odeon; 1935: "Cidade maravilhosa", marcha de André Filho, canto por Aurora Miranda e André Filho, com a Orquestra Odeon; 1936: "Ganhou mas não leva", marcha de Benedito Lacerda e Milton Amaral, canto de Almirante, com a Orquestra Odeon; 1937: "Mamãe eu quero", marcha de Vicente Paiva e J. Calazans, por Jararaca e seu conjunto (note-se a fala, no começo do disco, feita por Almirante); 1937: "Como vaes você?", marcha de Ary Barroso, interpretada por Carmen Miranda com Conjunto Regional de Pixinguinha e Luperce (a pergunta inicial, falada, que dá nome à marchinha, é feita pelo próprio autor); 1938: "Periquitinho verde", marcha de Antônio Nássara e José Sá Róris, por Dircinha Batista com conjunto regional; 1940: "Leva meu samba", samba de Ataulfo Alves, pelo autor, com a Escola de Samba da Cidade; 1944: "Atira a primeira pedra", samba de Ataulfo Alves e Mário Lago, por Orlando Silva, com a Orquestra Odeon sob a direção de Lyrio Panicali; 1944: "Depois da hora", marcha de Arlindo Marques Jr. e Augusto Garcez, pela dupla Joel e Gaúcho, com o Conjunto Regional de Benedito Lacerda; 1946: "Trabalhar, eu não", samba de Almeidinha, com Joel de Almeida e Grande Escola de Samba; 1948: "Não me diga adeus", samba de Paquito, Luís Soberano e João Correia da Silva, na interpretação de Aracy de Almeida e Conjunto Regional de Benedito Lacerda; 1951: "Zum-zum", marcha de Fernando Lobo e Paulo Soledade, por Dalva de Oliveira e Orquestra de Osvaldo Borba; 1954: "Saca-rolha", marcha de José Gonçalves, Zilda Gonçalves e Waldir Machado, com Zé da Zilda e Orquestra. Todas as matrizes empregadas no *long-playing* foram as originais, antes encontradas em discos de 78 rpm, hoje muito raros. Infelizmente, a ordem cronológica não foi obedecida na disposição das diversas faixas. É, contudo, uma das melhores antologias dos intérpretes carnavalescos.

A velha guarda (Sinter 1038). O conjunto de Pixinguinha, Donga e João da Bahiana reuniu oito músicas tradicionais, contando com a cooperação de dois cantores: Almirante e J. Cascata. É um disco admirável. Faixas: "Que perigo", choro de Pixinguinha; "Patrão prenda o seu gado", partido-alto, canto por Almirante; "Coralina", choro em arranjo de Pixinguinha; "Nosso ranchinho", samba de Ernesto dos Santos (Donga) e J. Cascata, canto por J. Cascata; "Honória", choro de Gualdino Barreto; "Essa Nega qué me dá", samba de José Luiz de Morais (Caninha), canto de Almirante; "Me leva, me leva, seu Rafael", samba do mesmo autor, pelo mesmo cantor; e "Flor do Abacate", choro de Álvaro Sandim. Os instrumentistas que atuam em *A velha guarda* são os seguintes: Alfredo da Rocha Viana (Pixinguinha), saxofone tenor; Ernesto dos Santos (Donga), violão e instrumentos de ritmo; João da Bahiana, pandeiro; Bide, flauta; Alfredinho, flautim; Rubens, Mirinho e Carlos Lentini, violões; Valdemar, cavaquinho; e J. Cascata, cabaça, o mesmo conjunto que atuou no *show* de Zilco Ribeiro - *O samba nasce do coração*.

O Carnaval da velha guarda (Sinter 1054). Os mesmos componentes do disco anterior gravaram oito músicas do Carnaval do passado, contando ainda com o concurso dos cantores Almirante e J. Cascata. A seção rítmica foi enriquecida com a presença de Heitor dos Prazeres (ganzá), Alcebíades Barcelos (afoxé) e Sebastião (surdo). Faixas: "Pelo telefone", samba de Ernesto dos Santos (Donga), canto de Almirante; "Já te digo", samba de Pixinguinha; "Mulher cruel", samba de João da Bahiana; "Cristo nasceu na Bahia", samba de Sebastião Cirino e Duque, canto por Almirante; "Depois que você me deixou", marcha de Antônio Nássara e J. Cascata; "Gavião calçudo", samba de Pixinguinha, canto por Almirante; "Ai! eu queria", samba de Pixinguinha; e "Adeus, morena", samba de Gastão Viana. Os dois discos da velha guarda foram reunidos pela Sinter em um só de 12 polegadas, publicado na série *Reminiscências*.

Obaluayê (Todamérica 11). A Orquestra Afro-Brasileira foi fundada em 10 de abril de 1942, com o propósito de estudar e divulgar a música folclórica e os costumes brasileiros. Apresentou-se em 1943 no antigo Instituto Nacional de Música, hoje Escola Nacional de Música. No disco *Obaluayê*, apresenta oito composições do maestro Abigail Moura, regente da orquestra, tendo como solista a cantora Iolanda Borges e apresentação de Paulo Roberto. Faixas: "Chegou o Rei Congo" - "este cântico reflete o estado d'alma do homem que foi poderoso em África e escravo no Brasil" -, batuque; "Calunga" - "para os nativos do Congo e de Angola, uma divindade: o mar" -, batuque; "Amor de escravo", jongo; "A saudação ao Rei Nagô", batuque; "Festa de Congo" - "festa em que as negras usavam turbantes, corpetes vistosos e saias largas" -, maracatu; "Babalaô" - "sacerdote de Ifá; Ifá é o deus da adivinhação" -, cântico noturno; "Liberdade", batuque; e "Obaluayê" - "orixá Nagô, e tem o seu dia, a sua festa, em 16 de agosto" -, lamento. O disco é dos mais curiosos.

Marchas de rancho (Odeon 3000). Criada em 15 de novembro de 1896, a Banda de Música do Corpo de

Bombeiros logo tornou-se popular através dos primeiros discos lançados no Brasil pela Casa Edison, de Fred Figner. Gravou uma série enorme de dobrados, mazurcas, polcas etc. Agora, voltou ao disco, apresentando 12 marchas-rancho: "Pastorinhas", de Noel Rosa e João de Barro; "Dama das camélias", de João de Barro e Alcyr Pires Vermelho; "Malmequer", de Cristóvão de Alencar e Newton Teixeira; "Luar de Paquetá", de Freire Júnior e Hermes Fontes; "Uma andorinha não faz verão", de João de Barro e Lamartine Babo; "Caçador de esmeraldas", de Osvaldo Santiago e Humberto Porto; "O despertar da montanha", de Eduardo Souto e F. Pimentel; "Hino do Carnaval brasileiro", de Lamartine Babo; "Não sei por que", de João de Barro e Alcyr Pires Vermelho; "Ilhados Amores", de Cristóvão de Alencar e Newton Teixeira; "Rasguei a minha fantasia", de Lamartine Babo; e "Andorinha", de Haroldo Barbosa e Herivelto Martins. A Banda do Corpo de Bombeiros é atualmente dirigida pelo segundo-tenente Adjalme Rodrigues da Silva.

A vitoriosa Escola de Samba da Portela (Sinter 1718). A Escola da Portela, que já deu Paulo, Alvarenga e Alvaiada, supercampeã do Carnaval carioca, apresenta-se em disco com 14 músicas de seus atuais compositores: "Exibição de ritmo", "Despertar de um gigante", de Candeia, Picolino e Waldir; "Vem, amor", de Casquinha; "Chuva", de H. Rocha; "Grande amor", de Querosene; "Brasil poderoso", de Candeia, Picolino e Waldir; "Hino portelense", de Francisco; "Banalidade", de J. Barbosa e Ventura; "Minha vontade", de Chatim; "Legados de João VI", de Candeia, Picolino e Waldir; "Minha querida", de Manacé; "O lenço", de Monarco e Francisco; "Brasil glorioso", de Ventura. O Grêmio Recreativo Escola de Samba da Portela fica na rua da Portela, 446, em Osvaldo Cruz.

Samba n. 2 (Todamérica 338). A Escola de Samba Acadêmicos do Salgueiro, outra famosa agremiação, também se apresenta em disco com 12 sambas de seus principais compositores. O refrão é cantado por Raul Moreno ou Jair Avelar. Faixas: "Paixão de trovador", de Iraci Serra e Carivaldo da Mota; "Navio negreiro", de Djalma Costa e Amado Régis; "Não sou pecador", de A. Figueira, E. de Oliveira e Djalma Costa; "Exaltação aos fuzileiros navais", de Campos; "Rosário da Bahia", de C. Mota, D. Costa e P. Machado; "Não interessa", de J. Santos e Salustiano Pereira; "Vai pra casa, Luzia", de G. Campos, D. Costa e A. Régis; "Meu barracão", de João Nicolau e Eduardo de Oliveira; "Exaltação a Debret", de D. Costa e Eduardo de Oliveira; "Negro", de Juca e Abelardo; "Casa do pequeno jornaleiro", de C. da

Mota e Iraci Serra; e "Reminiscências", de Flávio Kirk. A Escola de Samba Acadêmicos do Salgueiro, que tem como presidente o sr. Nélson de Andrade, está situada na rua Junquilho, no morro do Salgueiro.

Assim é o samba (Prestige 1011). Três diferentes cantores, Jair Avelard, Edgard Luís e Joab Teixeira, estão reunidos no disco, que é uma produção do compositor J. Cascata. Interpretam muito bem sambas otimamente escolhidos no repertório do passado: "Arrasta a sandália", de Osvaldo Vasques e Aurélio Gomes; "Mágoas de vagabundo", de Valfrido Silva e Osvaldo Silva; "Isaura", de Herivelto Martins e Roberto Roberti; "Pelo amor que eu tenho a ela", de Ataulfo Alves e Antônio Almeida; "Foi ela", de Ary Barroso; "Fui louco", de Alcebíades Barcelos; "De babado", de Noel Rosa e João Mina; "Ela", de Herivelto Martins e Príncipe Pretinho; "A morena que eu gosto", de Marino Pinto e Wilson Batista; "Dinheiro não há", de Benedito Lacerda e E. Alvarenga; "Fita amarela", de Noel Rosa; e "Provei", de Noel Rosa e Vadico. O disco salienta-se, principalmente, pela parte rítmica, dirigida por João da Bahiana.

Estranha magia (Todamérica333). O excelente cantor José Tobias, com orquestra dirigida pelo maestro Guio de Morais, interpreta 12 canções nordestinas, algumas de grande beleza: "Eh! Uá, calunga", maracatu de Capiba (é o famoso "De Tororó"); "Lua, lua", maracatu de Teófilo de Barros e S. Lopes; "Obatalá", afro-brasileiro de Guio de Morais; "Pisa, baiana", maracatu dos Irmãos Valença; "Se eu soubesse", toada de Volta Seca; "Bate o bombo", maracatu de Guio de Morais; "Estranha magia", samba-canção de Geraldo Figueiredo; "Saudade", samba-canção de Epitacinho e José Toledo; "Vai, jangada", toada de Geraldo Serafim e Nilton Castro; "Minha canção", toada de Luís de França; "Nascimento grande", canção de Capiba; e "Adeus praia do Flamengo", samba-canção de Carlos Jorge e Agenor Raposo.

Reminiscências (RCA Camden 5003). Aproveitando as matrizes originais, a RCA reuniu 12 músicas carnavalescas, interpretadas por diversos cantores e conjuntos: "O teu cabelo não nega", marcha de Lamartine Babo e Irmãos Valença, por Castro Barbosa, com o Grupo da Guarda Velha (gravado em 21.12.1931); "Alegria", samba de Assis Valente e Durval Maia, por Orlando Silva, com os Diabos do Céu (26.07.1937); "Linda lourinha", marcha de João de Barro, por Sílvio Caldas, com os Diabos do Céu (16.11.1933); "A tua vida é um segredo", samba de Lamartine Babo, por Mário Reis, com o Grupo da Guarda Velha (05.12.1932); "Catarina", marcha de Roberto Roberti e Osvaldo Santiago, por Carlos

Galhardo (25.08.1939); "Malmequer", marcha de Newton Teixeira e Cristóvão de Alencar, com Orlando Silva (04.11.1939); "Linda morena", marcha de Lamartine Babo, por Mário Reis e Lamartine Babo, com o Grupo da Guarda Velha (26.12.1932); "Não pago o bonde", marcha de J. Cascata e Leonel Azevedo, por Odete Amaral, com os Diabos do Céu (22.07.1937); "A primeira vez", samba de Armando Marçal e Alcebíades Barcelos, por Orlando Silva (04.11.1939); "Piroli, piroli", marcha-tarantela de Antônio Almeida e Kid Pepe, por Castro Barbosa, com os Diabos do Céu (09.08.1937); "Eva querida", marcha de Benedito Lacerda e Luiz Vassalo, por Mário Reis, com os Diabos do Céu (19.12.1934); "Ceci e Peri", marcha sobre motivo da sinfonia de *O guarani*, de Príncipe Pretinho, por Dalva de Oliveira e a dupla Preto e Branco, com Boêmios da Cidade (01.07.1937). O selo e a contracapa do LP estão errados em dois pontos: dando Lamartine Babo como um dos intérpretes de "A tua vida é um segredo"e omitindo o nome de Benedito Lacerda na autoria de "Eva querida".

Reminiscências v. 2 (RCA Camden 5017). Outra esplêndida coleção de músicas de Carnaval, feita nos moldes da anterior. Contém: "Grau dez", marcha de Ary Barroso e Lamartine Babo, por Francisco Alves, com os Diabos do Céu (16.10.1934); "Lig-lig-lig-lé", marcha de Paulo Barbosa e Osvaldo Santiago, por Castro Barbosa, com os Diabos do Céu (26.11.1936); "Tenha pena de mim", samba de Ciro de Sousa e Babaú, por Aracy de Almeida (17.08.1937); "O palhaço o que é", marcha de Paulo Barbosa e Alcebíades Barcelos, por Carlos Galhardo, com os Diabos do Céu (16.11.1936); "Florisbela", marcha de Nássara e Frazão, por Sílvio Caldas (07.11.1938); "Abre a janela", samba de Roberto Roberti e Arlindo Marques Jr., por Orlando Silva (14.12.1937); "Alá-lá-ô", marcha de Nássara e Haroldo Lobo, por Carlos Galhardo (21.11.1940); "Pegando fogo", marcha de José Maria de Abreu e Francisco Matoso, pelo Bando da Lua (05.11.1938); "Deixa a lua sossegada", marcha de João de Barro e Alberto Ribeiro, por Almirante, com os Diabos do Céu (03.12.1934); "Não tenho lágrimas", samba de Max Bulhões e Milton de Oliveira, por Patrício Teixeira (13.05.1937); "Bola preta", marcha de Assis Valente, pelo Bando da Lua (23.12.1937); "Passarinho do relógio", marcha de Haroldo Lobo e Milton de Oliveira, por Aracy de Almeida (20.10.1939).

BIBLIOGRAFIA DA MÚSICA POPULAR BRASILEIRA
LÚCIO RANGEL

NOTA DOS EDITORES

Publicada parcialmente no *Jornal do Brasil* e editada numa plaqueta da Livraria São José em 1976, a "Bibliografia da música popular brasileira" ganha aqui sua primeira versão em livro. Ela traduz a visão culturalista do autor, que entende a música popular num contexto mais amplo de manifestações consideradas genuinamente "populares", com a ideia de uma "identidade nacional" como princípio e fim. No texto que a precede, Lúcio Rangel faz referência ao I Encontro de Pesquisadores de Música Popular Brasileira, que reuniu em Curitiba, entre 27 de fevereiro e 1 de março de 1975, nomes de diferentes gerações, como Paulo Tapajós (1913-1990), Miécio Caffé (1920-2003), Sérgio Cabral (1937) e Hermínio Bello de Carvalho (1935). Em plena ditadura militar, tentava-se discutir formas de preservação pública da memória musical brasileira – princípio didático que também norteia esta pesquisa. Das intenções do autor, alteramos apenas a forma, submetendo a ordenação dos títulos aos princípios básicos de editoração, com o sobrenome precedendo o nome dos autores relacionados.

No momento em que o Ministério da Educação e Cultura pretende criar o Instituto Nacional da Música e da Dança, segundo sugestões feitas ao ministro Ney Braga pelos pesquisadores no assunto reunidos em Curitiba e vindos de todo o país, como também a obrigatoriedade do ensino de MPB nos cursos que vão até o vestibular e mesmo na área universitária em estudos afins (sociologia, comunicação etc.), acredito ser de alguma utilidade a bibliografia que ora apresento.

Sou constantemente procurado por estudantes interessados no estudo do nosso populário. Aos mais adiantados culturalmente, àqueles em que noto maior sede de conhecimento, recomendo, de início, a leitura da "Carta a El-Rei dom Manuel", de Pero Vaz de Caminha, o primeiro documento escrito sobre nosso país, bem como da *História do Brasil*, de frei Vicente do Salvador, a primeira que se fez. *O descobrimento do Brasil* e os *Capítulos da história colonial*, do mestre Capistrano de Abreu, elucidariam o estudante sobre o significado dos dois primeiros livros citados. O conhecimento da geografia do nosso vasto país e suas diversas áreas culturais é imprescindível ao conhecimento de qualquer manifestação artística, principalmente às da chamada cultura popular. A terra e o homem, tal como dividiu Euclides da Cunha o seu livro imortal.

Obras como as de Fernando Azevedo (*A cultura brasileira*), a trilogia de Gilberto Freyre (*Casa-grande & senzala*, *Sobrados e mocambos* e *Ordem e progresso*), as obras de um Roquette-Pinto, Artur Ramos, Sérgio Buarque de Holanda ou Antonio Candido são imprescindíveis ao conhecimento da chamada realidade brasileira. A leitura dos livros dos viajantes que nos visitaram desde o século XVI, embora não fossem eles musicólogos, sempre traz respingos de descrições de danças e músicas que ouviram. Lembremos que Jean de Léry foi o primeiro a registrar as singelas e poucas notas de primitiva melodia de nossos índios.

JOÃO DA BAHIANA E LÚCIO RANGEL [ARQUIVO DE LÚCIO RANGEL]

Se lembrarmos que nosso primeiro imperador foi músico e compositor, embora medíocre, quem sabe lá se o nosso "estudante ideal" chegará às obras de um Otávio Tarquínio de Sousa ou Alberto Rangel, e mesmo ao austero Tobias Monteiro?

Não podemos esquecer a literatura brasileira, passando pelo romance de costumes de um Alencar, Macedo, Manuel Antônio de Almeida, Cardoso de Oliveira, Aluísio e Artur Azevedo, e mesmo Machado de Assis no conto "Um homem célebre" revela, só pelos títulos das músicas do Pestana, personagem principal da história, um profundo conhecimento do que se tocava nos saraus familiares ou nos bailes populares, gafieiras, no linguajar mais franco dos nossos dias. E a obra de Marques Rebelo, um enamorado na nossa música popular (seus personagens "cantam" Francisco Alves e Orestes Barbosa), a de inúmeros cronistas atuais, um Rubem Braga ("Batalha no largo do Machado") ou um David Nasser, este um participante como letrista de dezenas de músicas que o povo cantou ou canta.

E os regionalistas, a partir de Valdomiro Silveira e Afonso Arinos, passando por Cornélio Pires, até os romancistas do Nordeste colocando em seus romances figuras em "carne e osso", fazendo surgir em um mundo de ficção os vultos tão bem desenhados de Dorival Caymmi e Sílvio Caldas. E Paulo Barreto, o João do Rio, que nos ensina a compreender a "alma encantadora das ruas" e as "religiões do Rio", algumas, é bem verdade, inventadas pelo escritor. Recordemos o poeta Hermes Fontes, do "Luar de Paquetá", música de Freire Júnior. A modinha, gênero saído dos salões imperiais e depois popularizado, encontrou nele um cultor, mas, ao mesmo tempo, o poeta sugeria em crônica (*Ilustração brasileira*, setembro de 1922) que o governo proibisse a ida dos Oito Batutas à Europa. É que gostava das "noites olorosas" e detestava a catinga dos pretos, muito mais nossa.

Não podemos esquecer a hoje vasta bibliografia sobre o Rio de Janeiro, São Paulo e outros estados. Não desprezar o dicionário e os vocábulos regionais, que ajudam a compreender a língua falada e deturpada pelo povo, um Antenor Nascentes (*O linguajar carioca*) ou um Aurélio Buarque de Holanda Ferreira em seu novo dicionário, registrando as gírias tantas vezes usadas pelos letristas urbanos ou rurais da MPB. Devem estar na estante do meu "estudante ideal".

Na presente bibliografia, o erudito, o folclórico e o popular estão presentes, tal a impossibilidade, em alguns casos, de separar as três áreas culturais. Os livros relacionados apresentam a maior diversidade de índice de importância. Ao lado da obra do nosso maior musicólogo, Mário de Andrade, o interessado encontrará as mais ingênuas manifestações sobre o assunto da presente bibliografia, aliás uma característica do gênero de trabalho. Sendo uma tentativa, talvez a primeira realizada entre nós, acredito que tenha falhas que poderão ser reparadas por futuros estudiosos que queiram ampliá-la ou corrigi-la. E, ainda um reparo, já li Antônio Caetano Dias, mestre da biblioteconomia e da chamada classificação decimal usada cientificamente em trabalhos como o que ora apresento. Sei que os sobrenomes deveriam preceder os pronomes, que o formato e o número de páginas de cada livro deveriam contar após a enumeração de cada título. Não sendo vasta, o possível consulente deste despretensioso trabalho encontrará, com um pouco de boa vontade, o livro que lhe poderá, talvez, ser útil no momento.

ABREU, Brício de. *Esses populares tão desconhecidos*. Rio de Janeiro: E. Raposo Carneiro Editor, 1963.

ABREU, Gilda de. *A vida de Vicente Celestino*. São Paulo: Editora Cupolo, 1951.

ABREU, Gilda de. *As canções na vida de Vicente Celestino*. São Paulo: Editora Cupolo, 1956.

ALENCAR, Edigar de. *A modinha cearense*. Fortaleza: Universidade do Ceará, 1967.

ALENCAR, Edigar de. *Nosso sinhô do samba*. Rio de Janeiro: Civilização Brasileira, 1968.

ALENCAR, Edigar de. *O Carnaval carioca através da música*. Rio de Janeiro: Livraria Freitas Bastos, 1965.

ALMEIDA, Renato. *Compêndio de história da música brasileira*. Rio de Janeiro: F. Briguiet, 1948.

ALMEIDA, Renato. *História da música brasileira*. 2 ed. Rio de Janeiro: F. Briguiet, 1942.

ALMIRANTE (Henrique Foréis Domingues). *No tempo de Noel Rosa*. Apresentação de Lúcio Rangel e Edigar de Alencar. São Paulo: Livraria Francisco Alves, 1963.

ALVARENGA, Oneida. *Catálogo ilustrado do Museu Folclórico*. São Paulo: Prefeitura Municipal de São Paulo, 1950.

ALVARENGA, Oneida. *Catimbó*. São Paulo: Prefeitura Municipal de São Paulo, 1949.

ALVARENGA, Oneida. *Melodias registradas por meios não mecânicos*. São Paulo: Prefeitura Municipal de São Paulo, 1946.

ALVARENGA, Oneida. *Música popular brasileira*. Porto Alegre: Editora Globo, 1950.

ALVES, Francisco. *Minha vida*. Rio de Janeiro: Editora Brasil Contemporâneo, 1937.

ALVES, Henrique L. *Sua excelência, o samba*. São Paulo: Editora I.L.A. Palma, 1968.

AMARAL, Amadeu. *O dialeto caipira*. São Paulo: Casa Editora O Livro, 1920.

AMARAL, Amadeu. *Tradições populares*. São Paulo: Instituto Progresso Editorial, s/d.

ANDRADE, Mário de. *A expressão musical dos Estados Unidos*. Rio de Janeiro: Leusinger, 1940.

ANDRADE, Mário de. *A nau catarineta*. São Paulo: Departamento de Cultura, 1941.

ANDRADE, Mário de. *Anais do 1º Congresso da Língua Nacional Cantada*. São Paulo: Gráfica da Prefeitura, 1938.

ANDRADE, Mário de. *Compêndio de história da música*. 2 ed. São Paulo: L.G. Miranda Editor, 1933.

ANDRADE, Mário de. *Compêndio de história da música*. São Paulo, 1929.

ANDRADE, Mário de. *Cultura musical*. São Paulo: Departamento Municipal de Cultura, 1936.

ANDRADE, Mário de. *Danças dramáticas do Brasil*. 3 volumes. Prefácio e organização de Oneida Alvarenga. São Paulo: Livraria Martins Editora, 1959.

ANDRADE, Mário de. *Ensaio sobre a música brasileira*. São Paulo: I. Chiarato & Cia Editores, 1928.

ANDRADE, Mário de. *La expression musical de los Estados Unidos*. Buenos Aires: Escritório Comercial do Brasil, 1942.

ANDRADE, Mário de. *Modinhas imperiais*. São Paulo, 1930.

ANDRADE, Mário de. *Música de feitiçaria no Brasil*. 3 volumes. Prefácio e organização de Oneida Alvarenga. São Paulo: Livraria Martins Editora, 1963.

ANDRADE, Mário de. *Música do Brasil*. Curitiba: Editora Guaíra Ltda, 1941.

ANDRADE, Mário de. *Música, doce música*. São Paulo: L.G. Miranda Editor, 1933.

ANDRADE, Mário de. *O samba rural paulista*. São Paulo: Departamento Municipal de Cultura, 1937.

ANDRADE, Mário de. *Pequena história da música*. São Paulo: Livraria Martins Editora, s/d.

ANÔNIMO. *Nova coleção de modinhas brasileiras*. Rio de Janeiro/Paris: H. Garnier Livreiro-Editor, 1899.

ARAÚJO, Aderaldo Ferreira de. *Eu sou o cego Aderaldo – Minhas memórias, de menino a velho*. Fortaleza: Imprensa Universitária do Ceará, s/d.

ARAÚJO, Alceu Maynard. *Folclore nacional*. 3 volumes. São Paulo: Edições Melhoramentos, 1964.

ARAÚJO, Mozart de. "Ernesto Nazareth". *Revista Brasileira de Cultura*, São Paulo, 1972.

ARAÚJO, Mozart de. *A modinha e o lundu no século XVIII*. São Paulo: Ricordi Brasileira, 1963.

ARAÚJO, Murilo. *Ontem ao luar*. Rio de Janeiro: Editora A Noite, 1951.

AZEVEDO, Moreira de. *Criminosos célebres*. Rio de Janeiro: Livraria Garnier Irmãos, s/d.

AZEVEDO, Moreira de. *Curiosidades*. Rio de Janeiro: B.L. Garnier, 1873.

AZEVEDO, Moreira de. *O Rio de Janeiro*. 2 volumes. Rio de Janeiro: B.L. Garnier, 1877.

BANDEIRA JR., Pedro. *História do Carnaval de Santos*. Santos, 1964.

BANDEIRA, Manuel e ANDRADE, Carlos Drummond de. *Rio de Janeiro em prosa e verso*. Rio de Janeiro: Livraria José Olympio Editora, 1965.

BANDEIRA, Manuel. *Crônicas da província do Brasil*. Rio de Janeiro: Civilização Brasileira, 1937.

BARBOSA, Domingos Caldas. *Viola de Lereno*. Prefácio de Francisco de Assis Barbosa. Rio de Janeiro: Instituto Nacional do Livro/MEC, 1944.

BARBOSA, Orestes. *Chão de estrelas*. Rio de Janeiro: J. Ozon Editor, 1965.

BARBOSA, Orestes. *Samba*. Rio de Janeiro: Livraria Educadora, 1933.

BARROS, Olavo de. *A Lapa do meu tempo*. Rio de Janeiro: Editora Pongetti, 1968.

BASTIDE, Roger. *As religiões africanas no Brasil*. 2 volumes. São Paulo: Livraria Pioneira Editora, 1971.

BASTIDE, Roger. *Imagens do Nordeste místico*. Rio de Janeiro: Empresa Gráfica O Cruzeiro, 1945.

BATISTA, Francisco das Chagas. *Cantadores e poetas populares*. Paraíba: Editor F.C. Batista Irmão, 1929.

BATISTA, Pedro. *Cangaceiros do Nordeste*. Paraíba: Livraria São Paulo, 1929.

BATISTA, Sebastião Nunes. *Bibliografia prévia de Leandro Gomes de Barros*. Rio de Janeiro: Biblioteca Nacional, 1971.

BETTENCOURT, Gastão de. *A inspiração folclórica na poesia brasileira*. Coimbra: Coimbra Editora, outubro de 1954.

BETTENCOURT, Gastão de. *História breve da música no Brasil*. Lisboa: Coleção Atlântico, 1945.

BETTENCOURT, Gastão de. *O folclore no Brasil*. Salvador: Universidade da Bahia, 1957.

BETTENCOURT, Gastão de. *Os três santos de junho no folclore brasileiro*. Rio de Janeiro: Agir, 1947.

BOSCOLI, Geysa. *A pioneira Chiquinha Gonzaga*. Natal: Departamento Nacional de Imprensa, 1971.

BRANDÃO, Adelino. *Recortes de folclore*. Prefácio de Luís da Câmara Cascudo. Araçatuba: Gráfica Araçatubense, 1956.

BRANDÃO, Théo. *Folclore de Alagoas*. Maceió: Casa Ramalho, 1949.

BRANDÃO, Théo. *O reisado alagoano*. São Paulo: Departamento de Cultura, 1953.

BRANDÃO, Théo. *Trovas populares de Alagoas*. Maceió: Edições Caeté, 1951.

BRITO, Jolumá. *Carlos Gomes (o tônico de Campinas)*. São Paulo: Saraiva, 1956.

BRITO, Jomard Muniz de. *Do Modernismo à Bossa Nova*. Rio de Janeiro: Civilização Brasileira, 1966.

CABRAL, Sérgio. *As escolas de samba - O que, quem, como, quando e por quê*. Apresentação de Lúcio Rangel. Rio de Janeiro: Editora Fontana Ltda., 1974.

CALMON, Pedro. *História do Brasil na poesia do povo*. Rio de Janeiro: Editora A Noite, s/d.

CAMPOS, Augusto de. *Balanço da bossa - Antologia crítica da moderna música popular brasileira*. São Paulo: Editora Perspectiva, 1968.

CAMPOS, Eduardo. *Folclore do Nordeste*. Rio de Janeiro: Edições O Cruzeiro, 1960.

CARDOSO, Sílvio Túlio. *Dicionário biográfico de música popular*. Rio de Janeiro: Empresa Gráfica Ouvidor, 1965.

CARIBÉ. *Coleção Recôncavo*. 10 volumes. Bahia: Livraria Progresso Editora, 1955.

CARNEIRO, Edison (org.). *O negro no Brasil*. Rio de Janeiro: Civilização Brasileira, 1940.

CARNEIRO, Edison. *Candomblés da Bahia*. Bahia: Museu do Estado, 1948.

CARNEIRO, Edison. *Dinâmica do folclore*. Rio de Janeiro: Civilização Brasileira, 1965.

CARNEIRO, Edison. *Ladinos e crioulos*. Rio de Janeiro: Civilização Brasileira, 1964.

CARNEIRO, Edison. *Negros bantus*. Rio de Janeiro: Civilização Brasileira, 1937.

CARNEIRO, Edison. *O folclore nacional*. Rio de Janeiro: Editora Sousa, 1954.

CARNEIRO, Edison. *Pesquisa de folclore*. Rio de Janeiro: Comissão Nacional do Folclore, 1955.

CARNEIRO, Edison. *Samba de umbigada*. Rio de Janeiro: MEC, 1961.

CARVALHO, Elísio de. *Gíria dos gatunos cariocas*. Rio de Janeiro: Imprensa Nacional, 1913.

CARVALHO, Rodrigues de. *Cancioneiro do Norte*. 2 ed. Paraíba: Tipografia da Livraria S. Paulo, 1928.

CARVALHO, Rodrigues de. *Cancioneiro do Norte*. 3 ed. comemorativa do centenário de nascimento do autor. Rio de Janeiro, 1967.

CASCUDO, Luís da Câmara. *Dicionário do folclore brasileiro*. Rio de Janeiro: Instituto Nacional do Livro/MEC, 1954. (Para citar apenas uma obra do nosso folclorista maior.)

CAYMMI, Dorival. *Cancioneiro da Bahia*. Prefácio de Jorge Amado. São Paulo: Livraria Martins, 1947.

CEARENSE, Catulo da Paixão. *Mata iluminada*. Rio de Janeiro: Livraria Castilhos, 1924.

CEARENSE, Catulo da Paixão. *Meu Brasil*. Rio de Janeiro: Edição do Anuário do Brasil, 1928.

CEARENSE, Catulo da Paixão. *Modinhas*. Rio de Janeiro: Livraria Império, 1943.

CEARENSE, Catulo da Paixão. *O evangelho das aves*. Rio de Janeiro: Livraria Castilhos, 1927.

CEARENSE, Catulo da Paixão. *Poemas bravios*. Rio de Janeiro: Livraria Castilhos, 1926.

CEARENSE, Catulo da Paixão. *Sertão em flor*. Rio de Janeiro: Livraria Castilhos, 1919.

CEARENSE, Catulo da Paixão. *Um boêmio no céu*. Rio de Janeiro: Editora A Noite, s/d.

CERNICCHIARO, Vicente. *Storia della musica nel Brasile*. Milão: Fratelli Riccioni, 1926.

CHAVES JR., Edgard de Brito. *Memórias e glórias de um teatro*. Rio de Janeiro: Cia. Editora Americana, 1971.

CONEGUNDES, João de Sousa. *Trovador de esquina*. Rio de Janeiro: Livraria do Povo, 1901.

COSME, Luís. *Dicionário musical*. Rio de Janeiro: Instituto Nacional do Livro/MEC, 1957.

COSTA, Nelson. *Rio Carnaval 1565-1965*. Coordenação de Jurandir Chamusca. Rio de Janeiro: Edições O Cruzeiro, 1965.

D. *Canções patrióticas*. Rio de Janeiro: Tipografia Perseverança, 1865.

DAMASCENO, Atos. *Palco, salão e picadeiro de Porto Alegre no século XIX*. Porto Alegre: Editora Globo, 1956.

DANTAS, Paulo. *Rio em tempo de amor*. Rio de Janeiro: Livraria Francisco Alves, 1965.

DENIS, Ferdinand. *Uma festa brasileira*. Rio de Janeiro: Epasa, 1944.

DI CAVALCANTI, Emiliano. *Reminiscências líricas de um perfeito carioca*. Rio de Janeiro: Civilização Brasileira, 1964.

DI CAVALCANTI, Emiliano. *Viagem da minha vida*. Rio de Janeiro: Civilização Brasileira, 1955.

DINIZ, Jaime C. *Nazareth*. Recife: Deca, 1963.

DIVERSOS. *Álbum de ouro - Músicas carnavalescas desde 1930*. Rio de Janeiro: Irmãos Vitale, s/d.

DIVERSOS. *Arquivos*. Artigo de Ascenço Ferreira sobre o frevo. Recife: Prefeitura Municipal de Recife, 1944.

DIVERSOS. *As vozes desassombradas do museu - Pixinguinha, Donga, João da Bahiana*. Rio de Janeiro: Museu da Imagem e do Som/Fundação Vieira Fazenda, 1970.

DIVERSOS. *Catálogo geral de música popular*. Rio de Janeiro/São Paulo: Sbat-Sadembra, 1957.

DIVERSOS. *Guia útil e informativo de artistas*. 2 volumes. Rio de Janeiro, 1948-1949.

DIVERSOS. *Música no Rio de Janeiro imperial, Nepomuceno, Nazareth, Rio Musical*. Catálogos de exposições realizadas na Biblioteca Nacional. Rio de Janeiro: MEC, 1963-1965.

DIVERSOS. *Revista brasileira de folclore*. 38 números. Rio de Janeiro: MEC, 1948-1975.

DIVERSOS. *Revista brasileira de música*. 6 números. Rio de Janeiro: Ordem dos Músicos do Brasil, 1962-1963.

DIVERSOS. *Rio, modéstia à parte*. Rio de Janeiro: Edições Reader's Digest, 1964.

DIVERSOS. *Trovador*. Organização de Gualberto Peçanha. Rio de Janeiro, 1865-1866.

DUARTE, Bandeira. *Efemérides do teatro carioca*. Coleção Cidade do Rio de Janeiro. Rio de Janeiro: Prefeitura do Distrito Federal, s/d.

DUARTE, Rui. *História social do frevo*. Rio de Janeiro: Editora Leitura, 1969.

EFEGÊ, Jota (João Ferreira Guimarães). *Ameno Resedá, o rancho que foi escola*. Rio de Janeiro: Editora Letras e Artes, 1965.

EFEGÊ, Jota (João Ferreira Guimarães). *Maxixe, a dança excomungada*. Apresentação de Artur César Ferreira Reis. Rio de Janeiro: Conquista, 1974.

ENEIDA. *História do Carnaval carioca*. Rio de Janeiro: Civilização Brasileira, 1958.

FAZENDA, Vieira José. "Antiqualhas e memórias do Rio de Janeiro". *Revista do Instituto Histórico e Geográfico Brasileiro*, 5 volumes, Rio de Janeiro, 1919-1924.

FERREIRA, Ascenço, BORBA FILHO, Hermilo, SUASSUNA, Ariano, CAPIBA (Lourenço de Fonseca Barbosa), AIRES, Lula Cardoso e LAU, Perci. *É de Tororó*. Rio de Janeiro: Livraria Editora da Casa do Estudante do Brasil, 1951.

FIGUEIREDO, Maurício. *Cordão da bola preta*. Rio de Janeiro: Edição de Comércio e Representações Bahia, 1967.

FILHO, Mário. *Brasil pandeiro*. Recife: Gráfica Editora Santa Cruz Ltda., 1965.

GARDEL, Luís D. *Escolas de samba*. Rio de Janeiro: Livraria Kosmos, 1967.

GÓES, Carlos. *Mil quadras populares brasileiras - Contribuição ao folclore*. Rio de Janeiro: F. Briguiet & Cia., 1916.

GOMES, Antônio Osmar. *A chegança - Contribuição folclórica do Baixo São*

Francisco. Rio de Janeiro: Civilização Brasileira, 1941.

HOLANDA, Chico Buarque de. *A banda*. Rio de Janeiro: Livraria Francisco Alves, 1966.

HOLANDA, Chico Buarque de. *Roda viva*. Rio de Janeiro: Editora Sabiá, 1968.

HOLANDA, Nestor de. *Memórias do Café Nice*. Rio de Janeiro: Conquista, 1969.

IRAJÁ, Hernani. *Adeus Lapa*. Rio de Janeiro: Gráfica Record Editora, 1967.

ITIBERÊ, Brasílio. *Mangueira, Montmartre e outras favelas*. Rio de Janeiro: Livraria São José, 1970.

ITIBERÊ, Brasílio. *Ora vejam só, seu Jujuba*. Rio de Janeiro: Edições GRD, 1963.

JANSEN, José. *Apolônia Pinto e seu tempo*. Rio de Janeiro: Serviço Nacional do Teatro, 1953.

JÓRIO, Amauri e ARAÚJO, Hiram. *Escolas de samba em desfile: vida, paixão e sorte*. Rio de Janeiro: Poligráfica Editora Ltda., 1969.

LIRA, Mariza. *1ª exposição de folclore no Brasil*. Rio de Janeiro: Gráfica Laemmert, 1953.

LIRA, Mariza. *Brasil Sonoro*. Rio de Janeiro: Editora A Noite, (1938).

LIRA, Mariza. *Calendário folclórico do Distrito Federal*. Rio de Janeiro: Prefeitura do Distrito Federal, s/d.

LIRA, Mariza. *Chiquinha Gonzaga*. Rio de Janeiro: Livraria Jacinto Editora, 1939.

LIRA, Mariza. *Círculo folclórico luso-brasileiro*. Atividades em 1951, s/ind.

LIRA, Mariza. *Estudos de folclore luso-brasileiro*. Rio de Janeiro: Gráfica Laemmert, 1954.

LIRA, Mariza. *História do hino nacional brasileiro*. Rio de Janeiro: Cia. Editora Americana, 1954.

LIRA, Mariza. *Migalhas folclóricas*. Rio de Janeiro: Gráfica Laemmert, 1951.

LOPES, Antônio. *Presença do romanceiro*. Rio de Janeiro: Civilização Brasileira, 1967.

LOPES, Castro. *Origens de anexins, prolóquios*. Rio de Janeiro: Francisco Alves & Cia., 1909.

LOPES, Fernando. *A noite começa agora*. Rio de Janeiro: Editora Arte-Nova, 1972.

LOUSADA, Wilson. *Antologia de Carnaval*. Rio de Janeiro: Edições O Cruzeiro, 1945.

LUCIANA, Dalila. *Ari Barroso, um turbilhão*. 3 volumes. Rio de Janeiro: Livraria Freitas Bastos, 1970.

MAGALHÃES JÚNIOR, Raimundo. *Artur Azevedo e sua época*. São Paulo: Saraiva, 1953.

MAGALHÃES JÚNIOR, Raimundo. *As mil e uma vidas de Leopoldo Fróes*. Rio de Janeiro: Civilização Brasileira, 1966.

MAGALHÃES JÚNIOR, Raimundo. *O fabuloso Patrocínio Filho*. Rio de Janeiro: Civilização Brasileira, 1957.

MARIZ, Vasco. *A canção brasileira*. Rio de Janeiro: Serviço de Documentação/MEC, 1959.

MARIZ, Vasco. *Figuras contemporâneas da música brasileira*. 2 ed. Brasília: Universidade de Brasília, 1970.

MARQUES, Fernandina. *A verdadeira história da modinha "A casa branca da serra", de Guimarães Passos. Rio de Janeiro: Pongetti, 1972.

MASI, Pedro Luís. *Antologia da serenata*. Rio de Janeiro: Organização Simões, 1957.

MATA, Gasparino da. *Antologia da Lapa*. Rio de Janeiro: Editora Leitura, 1965.

MAUL, Carlos. *Catulo - Sua vida, sua obra, seu romance*. Rio de Janeiro: Livraria São José, 1971.

MAUL, Carlos. *O Rio da Bela Época*. Rio de Janeiro: Livraria São José, 1967.

MENDES, Júlia de Brito. *Canções populares do Brasil*. Rio de Janeiro: Editor J. Ribeiro dos Santos, 1911.

MENEZES, Cícero. *Patápio Silva*. Rio de Janeiro: Cia. Editora Americana, 1953.

MORAES FILHO, Melo. *Fatos e memórias*. Rio de Janeiro: H. Garnier Livreiro-Editor, 1904.

MORAES FILHO, Melo. *Festas de Natal*. Rio de Janeiro: Livraria Contemporânea, 1895.

MORAES FILHO, Melo. *Festas e tradições populares do Brasil*. 2 ed. revista e aumentada. Prefácio de Sílvio Romero. Rio de Janeiro: H. Garnier Livreiro-Editor, 1901.

MORAES FILHO, Melo. *Serenatas e saraus*. 3 volumes. Rio de Janeiro: H. Garnier Livreiro-Editor, 1901-1902.

MOTA, Leonardo. *Cantadores*. Rio de Janeiro: Livraria Castilhos, 1921.

NASCIMENTO, Bráulio do. *Bibliografia do folclore brasileiro*. Rio de Janeiro: Biblioteca Nacional, 1971.

NASSER, David. *A vida trepidante de Carmen Miranda*. Rio de Janeiro: Edições O Cruzeiro, 1966.

NASSER, David. *Chico Viola*. Rio de Janeiro: Edições O Cruzeiro, 1966.

NASSER, David. *O velho capitão*. Rio de Janeiro: Edições O Cruzeiro, 1961.

NERY, Santa-Anna. *Folk-lore brésilien*. Paris: Perrin et Cie. Libraires-Éditeurs, 1889.

NEVES, Eduardo das. *Mistérios do violão*. Rio de Janeiro: Livraria do Povo, 1905.

NEVES, Eduardo das. *Modinhas brasileiras*. Com Baiano. São Paulo: C. Teixeira & Cia. Editores, 1923.

NEVES, Eduardo das. *Trovador da malandragem*. Rio de Janeiro: Quaresma, 1926.

NOITE, Flor da. *Perfil de Caubi Peixoto*. Rio de Janeiro: Editora Vecchi, 1959.

NUNES, Mário. *40 anos de teatro*. Rio de Janeiro: Serviço Nacional de Teatro, s/d.

PACHECO, Jaci. *Noel Rosa e sua época*. Rio de Janeiro: G.A. Pena Editora, 1955.

PACHECO, Jaci. *O cantor da Vila*. Rio de Janeiro: Edições Minerva, 1958.

PASSOS, Alexandre. *O Rio no tempo do "onça"*. Rio de Janeiro: Jacinto Ribeiro dos Santos Editor, 1930.

PASSOS, Claribalte. *Música popular brasileira*. Recife: Universidade Federal de Pernambuco, 1968.

PEARSON, Donald. *Negrões in Brazil*. Chicago: University of Chicago Press, 1942.

PEIXE, Guerra. *Maracatus do Recife*. São Paulo: Ricordi Brasileira, 1955.

PEIXOTO, Luís. *Poesias*. Rio de Janeiro: Editora Brasil-América, 1964.

PENNAFORT, Onestaldo de. *Um rei da valsa*. Rio de Janeiro: Livraria São José, 1958.

PERDIGÃO, Edmilson. *Linguajar da malandragem*. Rio de Janeiro, 1940.

PINTO, Alexandre Gonçalves. *Reminiscências dos chorões antigos*. Carta de Catulo da Paixão Cearense. Rio de Janeiro: Typ. Glória, 1936.

PINTO, Alexina de Magalhães. *Cantigas das crianças e do povo e danças populares*. Rio de Janeiro: Livraria Francisco Alves, s/d.

PINTO, Alexina de Magalhães. *Os nossos brinquedos*. Lisboa: Tipografia A Editora, 1909.

PONTES, José Vieira. *Lira popular brasileira*. São Paulo: C. Teixeira & Cia. Editores, 1927.

PONTES, José Vieira. *Lira teatral*. São Paulo: C. Teixeira & Cia Editores, s/d.

QUEIROZ JÚNIOR, José de. *Carmen Miranda*. Rio de Janeiro: Companhia Brasileira de Artes Gráficas, 1936.

QUERINO, Manuel. *Costumes africanos no Brasil*. Prefácio e notas de Artur Ramos. Rio de Janeiro: Civilização Brasileira, 1938.

RAMALHO NETO, Antônio. *Historinha do desafinado*. Rio de Janeiro: Editora Vecchi, 1965.

RANGEL, Lúcio. *Cinquenta anos de samba*. São Paulo: Pirelli, 1968.

REAL, Katarina. *O folclore do Carnaval do Recife*. Rio de Janeiro: Campanha de Defesa do Folclore, 1967.

REIS, Júlio. *À margem da música*. Rio de Janeiro: Braz Lauria, 1918.

REIS, Júlio. *Música de pancadaria*. Rio de Janeiro: Braz Lauria, 1921.

RIBEIRO, João. *Frases feitas*. 2 ed. Rio de Janeiro: Livraria Francisco Alves, 1960.

RIBEIRO, João. *O folclore*. Rio de Janeiro: Jacinto Ribeiro dos Santos Editor, 1919.

ROMERO, Sílvio. *Cantos populares do Brasil*. 2 volumes. Rio de Janeiro: Livraria José Olympio Editora, 1954.

ROMERO, Sílvio. *Contos populares do Brasil*. Rio de Janeiro: Livraria José Olympio Editora, 1954.

SAINT-CLAIR, David. *Macumba - Enigmes et mystères du Brésil*. Paris: Editions E.P. Denoel, 1972.

SARAIVA, Gumercindo. *A canção popular brasileira em três tempos*. São Paulo: Saraiva, 1968.

SARAIVA, Gumercindo. *Adagiário musical brasileiro*. São Paulo: Saraiva, 1963.

SCHILIRÓ, Luís e CRUZ, M. Ayres da. *Vida artística de Zequinha de Abreu*. São Paulo: Gráfica Musical, 1950.

SILVA, Euclides Carneiro da. *Dicionário da gíria brasileira*. Rio de Janeiro: Edições Bloch, 1973.

SIQUEIRA, Batista. *Ernesto Nazareth na música brasileira*. Rio de Janeiro: Gráfica Editora Aurora Ltda., 1967.

SIQUEIRA, Batista. *Modinhas do passado*. Rio de Janeiro: Oficinas Gráficas do Jornal do Brasil, 1956.

SIQUEIRA, Batista. *Três vultos históricos na música brasileira*. Rio de Janeiro: Editora D. Araújo, 1969.

SOARES, Murilo Sousa. *O morro começa ali*. Rio de Janeiro: Guido & Cia., 1948.

SODRÉ, Nelson Werneck. *O que se deve ler para conhecer o Brasil*. 3 ed. Rio de Janeiro: Civilização Brasileira, 1967.

SOUSA, Yvonildo de. *Influência negra na música brasileira*. Recife: Editora Nordeste, 1953.

TINHORÃO, José Ramos. *Música popular de índios, negros e mestiços*. Petrópolis: Editora Vozes Ltda., 1972.

TINHORÃO, José Ramos. *Música popular: teatro e cinema*. Petrópolis: Editora Vozes Ltda., 1972.

TINHORÃO, José Ramos. *Música popular: um tema em debate*. Rio de Janeiro: Editora Saga, 1966.

TINHORÃO, José Ramos. *O samba agora vai...* Rio de Janeiro: JCM Editores, 1969.

TINHORÃO, José Ramos. *Pequena história da música popular*. Petrópolis: Editora Vozes Ltda., 1974.

TROTTA, Frederico. *Poetas cariocas em 400 anos*. Rio de Janeiro: Editora Vecchi, 1966.

VAGALUME (Francisco Guimarães). *Na roda do samba*. Rio de Janeiro, s/d.

VASCONCELOS, Ari. *Panorama da música popular brasileira*. 2 volumes. São Paulo: Livraria Martins Editora, 1964.

VIANY, Alex. *Introdução ao cinema brasileiro*. Rio de Janeiro: INL/MEC, 1959.

VOGELER, João. *Imitação da vida*. Rio de Janeiro, 1949.

Outras publicações: *Phono-Arte*, revista dirigida por Cruz Cordeiro e Sérgio Alencar Vasconcelos (Rio de Janeiro, 1928-1931); *Boletim Latino-Americano de Música*, número dedicado ao Brasil, com suplemento de música escrita (Rio de Janeiro, 1946); *Revista da Música Popular*, dirigida por Lúcio Rangel (14 números, Rio de Janeiro, 1954-1956).[1]

Embora não tão numerosos como os fascículos nordestinos (de literatura de cordel), contam-se às centenas os publicados no Rio de Janeiro e São Paulo contendo letras e canções populares, além de publicações como o já citado *O Trovador*, o *Jornal de Modinhas*, *A Modinha Popular*, a *Revista do Rádio* etc. A Livraria Magalhães, de São Paulo, para concorrer com a Quaresma, a grande especialista no gênero, reuniu em um só volume os fascículos "Cantor luso-brasileiro", de autoria de "Um Amante do Luar", "Choros e serestas", de Natalino Graciano, "Um coração sensível", de autoria de "Cantora Brasileira", "Cancioneiro fluminense", de Otávio Viana e Manuel Tomaz de Sousa, e "A lira do capadócio", de Ricardo Júnior. Até a austera Livraria Garnier, editora de Machado de Assis e Joaquim Nabuco, explorou o gênero. São apenas alguns exemplos.

---

1 A versão integral em fac-símile foi publicada em 2007 pela Funarte/Bem-te-vi. [N. do E.]

MÚSICA POPULAR

A bibliografia da música popular brasileira, por mim organizada, foi publicada no dia 11 de abril no Caderno B do *Jornal do Brasil*. No entanto, por motivos que ignoro, foi interrompida quando começava a enumerar os autores da letra M, nos três primeiros títulos das 15 obras de Mário de Andrade por mim indicadas.

INSTITUTO MOREIRA SALLES

Walther Moreira Salles (1912-2001)
Fundador

DIRETORIA EXECUTIVA

João Moreira Salles
Presidente

Gabriel Jorge Ferreira
Vice-Presidente

Mauro Agonilha
Raul Manuel Alves
Diretores Executivos

CONSELHO DE ADMINISTRAÇÃO

João Moreira Salles
Presidente

Fernando Roberto Moreira Salles
Vice-Presidente

Gabriel Jorge Ferreira
Pedro Moreira Salles
Walther Moreira Salles Junior
Conselheiros

ADMINISTRAÇÃO

Flávio Pinheiro
Superintendente Executivo

Samuel Titan Jr.
Jânio Gomes
Coordenadores Executivos

Odette J.C. Vieira
Coordenadora Executiva de Apoio

Elvia Bezerra
Coordenadora | Literatura

Luiz Fernando Vianna
Coordenador | Internet

Bia Paes Leme
Coordenadora | Música

Sergio Burgi
Coordenador | Fotografia

Thyago Nogueira
Coordenador | Fotografia Contemporânea

Heloisa Espada
Coordenadora | Artes VIsuais

Julia Kovensky
Coordenadora | Iconografia

Marília Scalzo
Coordenadora | Comunicação

Elizabeth Pessoa
Odette J.C. Vieira
Vera Regina Magalhães Castellano
Coordenadoras | Centros culturais

SOBRECAPA
Elizeth Cardoso, Pixinguinha, Cartola e Clementina de Jesus durante gravação, 16.06.1967. Foto de Francisco Alaor Barreto (Acervo Última Hora/Arquivo Público do Estado de São Paulo)

PP. 2-3
Alfredo da Rocha Vianna Neto (Alfredinho), Pixinguinha, João da Bahiana e Alfredinho Flautim sentados à mesa de bar (Coleção José Ramos Tinhorão/IMS)

Foram empreendidos todos os esforços para localizar os detentores dos direitos das imagens reproduzidas nesta publicação. Agradecemos qualquer informação adicional.

Sambistas e chorões – Aspectos e figuras da música popular brasileira © Instituto Moreira Salles, 2014

COORDENAÇÃO EDITORIAL Paulo Roberto Pires e Samuel Titan Jr.
COORDENAÇÃO MUSICAL Bia Paes Leme e Fernando Krieger
ASSISTENTES EDITORIAIS Flávio Cintra do Amaral e Juliana Miasso
REVISÃO Denise Pessoa, Sandra Brazil e Vanessa Alves Baptista
PROJETO GRÁFICO E DIAGRAMAÇÃO Luciana Facchini
DESIGNER ASSISTENTE Karine Tressler
PRODUÇÃO GRÁFICA Acássia Correia
PESQUISA DE IMAGENS Denise Pádua
TRATAMENTO DE IMAGENS Jorge Bastos/Motivo
IMPRESSÃO Pancrom Indústria Gráfica

AGRADECIMENTOS
Carlos Augusto de Andrade Camargo, Elisabete Marin Ribas, Maria Lucia Rangel, Marta Prochnik, Maurício Leon Prochnik, Rachel Esther Figner Sisson e Vladimir Sacchetta

R155s

Rangel, Lúcio, 1914-1979.
Sambistas e chorões / Lúcio Rangel
São Paulo: IMS, 2014.
200 p.: 31 fotos.

ISBN: 978-85-8346-006-0

1. Música popular brasileira. 2. Música popular brasileira
- História. 3. Compositores - Música popular - Brasil.
4. Sambistas - Brasil. 5. Chorões. I. Rangel, Lúcio. II.
Máximo, João (Apresentador). III.Título.

CDU 78
CDD 780

TIRAGEM 2.000 exemplares
MIOLO Off-set 90 g/m^2
CAPA Supremo Duo Design 250 g/m^2
SOBRECAPA Papel jornal 55 g/m^2
FONTE Guardian e Geogrotesque